O MISTÉRIO DA VIDA E DA MORTE

O MISTÉRIO DA VIDA E DA MORTE

POR

J. VAN RIJCKENBORGH

4.ª EDIÇÃO
2016

Pentagrama
publicações

Título original:
Het mysterie van leven em dood

Tradução da 5ª. edição alemã, de 1981
Das Mysterium von Leben und Tod

2016
IMPRESSO NO BRASIL

Tradução:
Marcus Vinícius Mesquita de Sousa

Revisão:
Márcia Regina de Matos Moraes
Maria Dulce Eddé de Oliveira

Dados Internacionais de Catalogação na Publicação (CIP)
(Câmara Brasileira do Livro, SP, Brasil)

Rijckenborgh, Jan Van, 1896-1968.
O mistério da vida e da morte / Jan Van Rijckenborgh
[tradução: Marcus Vinícius Mesquita de Sousa].
-- 4. ed. -- Jarinu, SP : Pentagrama Publicações, 2016.

Título original: *Het mysterie van Leven en Dood.*

ISBN 978-85-67992-51-8

1. Morte - Interpretações rosacruzes 2. Rosacrucianismo 3. Vida
4. Vida futura - Interpretações rosacruzes I. Título.

16-08011 CDD -135.45

Índices para catálogo sistemático:
1. Vida e morte : Rosacrucianismo : Tradições esotéricas 135.45

Pentagrama Publicações
Avenida Vereador João Pedro Ferraz, nº 605
CEP 13.240-000 – Jarinu – SP
Tel: (11) 4016-1817
www.pentagrama.org.br
livros@pentagrama.org.br

Sumário

	Introdução	7
1	O mistério da queda	9
2	A doutrina da reencarnação	17
3	A armadura óctupla	25
4	O derramamento de sangue	33
5	Cingi-vos com a verdade	39
6	A couraça da justiça	43
7	Cosmologia · Antropologia · Evangelho	51
8	Um novo campo magnético	57
9	A Mãe do Mundo e os Elohim	61
10	A nova consciência	69
	Biografia do autor	75
	Glossário	79

Introdução

O conteúdo do presente livro foi extraído do periódico *Ekklesia Pistis* Sophia,* do Lectorium Rosicrucianum. O título desse periódico tem sentido profundo. Ele faz alusão a determinada comunidade antiga, cuja origem remonta à aurora dos tempos arianos, que, no presente, se manifesta ao mundo inteiro.

Essa sublime comunidade da Gnosis*[1] Universal tem por objetivo transmitir à humanidade o conhecimento que conduz à sabedoria, à sapiência. Não se trata apenas da noção que o intelecto pode captar, mas também do conhecimento que, levado à compreensão, provoca no sistema humano intensa atividade alquímica, a qual, por conseguinte, libera uma força que, por um lado, pode ser apontada como a *Sophia* e, por outro, como o *Espírito Santo.*

O Lectorium Rosicrucianum está a serviço da *Ekklesia Pistis Sophia,* com a missão de tornar conhecidos os aspectos fundamentais da antiqüíssima Doutrina Universal aos que realmente a buscam.

O Lectorium Rosicrucianum pertence a um sistema de escolas gnósticas cuja tarefa é estar a serviço do buscador e reconduzi-lo, mediante uma sucessão de degraus, à casa do Pai.

J. van Rijckenborgh

---

[1]Palavras seguidas por um asterisco aparecem no Glossário, que se inicia na pág. 79.

I

O mistério da queda

Se fizéssemos um inquérito sobre a maneira como o homem atual entende o mistério da vida e da morte, verificaríamos que, a esse respeito, existem opiniões antagônicas, muito vagas, e também total ausência de conhecimento do assunto. Esse fato se origina da difusão de ensinamentos contraditórios dados à humanidade desde tempos imemoriais, cujas impressões estão fixadas no ser sangüíneo de todos os homens.

O caminho que conduz ao *discernimento* — o primeiro degrau da senda da Gnosis* universal quíntupla — não é um caminho de estudo e de compreensão intelectual. O discernimento de que tanto necessitamos é conquistado após um período de dificuldades, de eliminação de inúmeros obstáculos existentes em nós mesmos, como se fosse uma verdadeira selva densa.

Justo quando a luz procura abrir caminho em nós, a remoção desses obstáculos se torna mais difícil e problemática. Eles formam sombras estranhas e gigantescas, que nos dão imagens impuras e bastante afastadas da realidade; assim, uma prudência redobrada é indispensável. Revela-se, nesse momento, o quanto somos conservadores, quão pequena é nossa coragem e diminuta nossa força para desprezar as sombras da falsidade e seguir, quando chamados, a única luz da verdade e da realidade.

Nosso desejo é esclarecer, de maneira exata, o mistério da vida e da morte. Começaremos contrariando de maneira resoluta o ensinamento antigo e oculto da reencarnação, porque esse ensinamento se encontra em oposição à realidade. Para inúmeros buscadores da libertação, a reencarnação talvez seja a última tábua de salvação à qual ainda podem agarrar-se. Muitos talvez pensem: "Ora, se não posso alcançar o renascimento no sentido libertador nesta vida, resta-me sempre o renascimento no plano horizontal. Voltarei a este vale de lágrimas e, então, verei o que acontece".

Para muitos, essa forma de pensar talvez represente uma espécie de seguro de vida: "Suponhamos que tudo o que eu tenha aprendido da doutrina de libertação seja falso", dizem eles. "Não importa, pois resta-me ainda o fato de que existo. Muitos são os que se lembram de suas encarnações precedentes". Grossos livros foram escritos a esse respeito! "Estou aqui agora; em breve irei em férias por um curto período para as regiões celestes. Escolherei com cuidado o novo berço em que irei renascer depois. Estou envelhecendo, meu tempo aqui está prestes a terminar. Logo irei para a Terra[2] de Verão. Que nesse meio tempo eles se estraçalhem e destruam na esfera* material com bombas de hidrogênio. Passada a refrega, voltarei e repousarei, com gritos de júbilo, à sombra das palmeiras! A roda* da vida e da morte gira no mundo da dialética;* talvez ocasione agitação, mas não afeta, em essência, a existência do meu eu."

Os que sempre se apaziguaram com a ilusão consoladora do processo de reencarnação ficarão cheios de assombro, de protesto e de um temor secreto. Seu último seguro de vida está sendo ameaçado aqui.

Esse modo de ver comporta razões filosóficas? Essa opinião é baseada em provas fidedignas? A história das fraternidades transfigurísticas, a esse respeito, fornece tais provas? Como conciliar

[2]Termo esotérico que indica um local no Além. (N.E.)

esse ponto de vista com a justiça divina? A Escola da Rosacruz não se aproxima, assim, da falta de compreensão das comunidades religiosas ortodoxas que exercem séria influência sobre os homens, por meio de ameaças da cólera divina, ao término de uma, aliás, única, vida?

Numerosas perguntas nesse sentido podem surgir, e não seríamos a Escola da Rosacruz se não atingíssemos o âmago dessas inquirições, apresentando, necessariamente, uma série de argumentações convincentes, de fatos científico-naturais, que permitirão a cada um discernir, com clareza, o que desejamos explicar.

Comecemos pelos pontos abaixo:

- Viveis uma única vez.
- Após a morte, vossa chama de vida se extingue de modo progressivo, num período de tempo mais ou menos longo.
- Dela nada mais restará.
- Neste momento sois almas viventes, não em sentido eterno, porém apenas em sentido espaço-temporal.
- A personalidade de que a alma* se utiliza se explica pelo estado dessa alma.
- Vossa personalidade morre, e também vossa alma. A Bíblia, a Doutrina* Universal e os fatos não deixam dúvidas a respeito.
- Conclusão: tendes de decidir, nesta existência, entre a morte ou a vida.
- Se nesta existência não fizerdes a escolha, outra manifestação-alma em vosso microcosmo* o fará, talvez daqui a milhares de anos; mas essa alma com certeza não sereis vós.
- A alma que nasce não vem de um domínio de vida invisível, não é una com o microcosmo, não lhe é inerente, não provém dele. Não, a alma é um produto material, oriunda de pais materiais.

- Vossa existência-alma é geradora. A coletividade das almas terrestres pode subdividir-se ao infinito. Uma alma vai, outra vem, e tudo permanece como antes.
- Ao lado de nossa onda de vida anímica, há inúmeras outras em nosso domínio dialético, que diferem entre si por sua freqüência vibratória, o que permite o aparecimento de uma variedade de formas e de estados de consciência.
- A vida da alma nada tem em comum com a vida do espírito. Julgar espírito e alma como equivalentes é o mesmo que considerar iguais coisas opostas.
- Por conseguinte, ou os antigos ensinamentos sobre a reencarnação têm outro sentido, ou constituem uma ilusão.

Eis como se apresenta o problema diante de nós, o qual tentaremos explicar segundo as diretrizes e a visão da Escola Espiritual* da Rosacruz Áurea. Para isso, chamamos vossa atenção para os domínios nirvânicos, base do verdadeiro desenvolvimento humano-divino.

A expressão "Nirvana", ou "dissolver-se", ou ainda o mundo do "não-ser", é apenas uma aproximação. Alcançam o Nirvana as entidades que ultrapassam o estágio das normas dialéticas e, portanto, da vida dialética da alma. Regressam ao Nirvana as entidades nas quais todos os empecilhos foram dissolvidos.

Contudo, o termo "Nirvana" nada nos revela do mundo fundamental em que se realiza a gênese humano-divina. De nosso ponto de vista, ele apenas determina a qualidade do estado que devemos alcançar para nele ingressar: o "não-ser". Considerado de modo superficial, "não-ser" e, ao mesmo instante, ser capaz de ingressar em algum lugar parece uma tolice. Por isso se traduz a palavra "Nirvana" por "dissolver-se", à semelhança da gota de água que, de volta ao oceano, nele desaparece. O Nirvana é o Universo divino eterno, portanto imutável. Num passado remoto, as entidades a que pertencemos como almas mortais se desligaram desse domínio; e a ele devem regressar, caso desejem conseguir a verdadeira liberdade divina e eterna.

Que entendemos por "entidades"? São os microcosmos. O microcosmo é um sistema de vida muito complexo, uma unidade composta de várias partes, sendo que uma delas é, temporariamente, nossa alma mortal e sua respectiva personalidade. Um microcosmo é uma cópia em escala menor de um cosmo. Já que noções como "pequeno" e "grande" são relativas, podemos comparar, com boa razão, o microcosmo ao átomo.

Um microcosmo possui uma estrutura atômica. A ciência nos ensina que há várias espécies de átomos. Diremos, agora, que espécie de átomo é o microcosmo.

Esse átomo possui três núcleos, dois dos quais, no centro, giram um ao redor do outro, em grande velocidade. Em torno desses dois núcleos centrais gira o terceiro núcleo, descrevendo uma órbita ampla. Os três núcleos podem ser denominados "as três almas", daí concluirmos que o microcosmo possui três almas. As duas almas, girando no centro do microcosmo, estão em relação positivo-negativa entre si, isto é, masculino-feminina. A terceira alma é o fator assexuado, neutro, de ligação e de alimentação no átomo.

Assim como ocorre com cada núcleo atômico, ao redor do qual giram outras partículas que formam um conjunto em sua totalidade, esse também é o caso com o microcosmo. Forma-se um sistema, uma manifestação, um reino, uma emanação. Os núcleos positivo e negativo levam à manifestação da personalidade. Do microcosmo como um todo podemos afirmar com justa razão: "Vede, o reino está dentro de vós".

Esse reino, essa manifestação, é denominado, na linguagem sagrada, o "reino de Deus". Com isso não se dá a entender que cada microcosmo seja um deus, um todo separado. Não, isso significa que esse reino microatômico pertence a um todo maior, a uma Gnosis, tal como um cosmo não existe por si mesmo, mas pertence a um macrocosmo, a um conjunto de cosmos.

A orientação dos seres atômicos trinitários (em que existem três almas), que acabamos de descrever, deve ser centrífuga e não centrípeta, ou seja, cada átomo deve elevar-se na onimanifestação e a ela devotar-se, oferecendo-se por inteiro ao grande objetivo, em total prestabilidade, e assim manifestar-se mediante serviço impessoal.

Por conseguinte, graças ao *não-ser,* esses seres trinitários chegarão ao estado de *ser* no domínio nirvânico fundamental. Essa atividade centrífuga, essa atividade que a si mesma se esquece, anula todas as fronteiras; já não há espaço, limitação. Permanece apenas o infinito, a eternidade. Contudo, quando essa entidade atômica trinitária volta sua atenção para o interior, contemplando-se, e, por conseguinte, desenvolve uma atividade centrípeta, a lei divina, que é o fundamento dessa espécie de átomo, é perturbada. As relações magnéticas se desequilibram, e um forte calor, um poderoso fogo, aparece.

Quando essa calamidade ocorreu, esse calor fissionou o átomo e fez que um dos dois núcleos-alma, girando um ao redor do outro no centro do microcosmo, fosse expelido do sistema e perecesse no espaço. Em alguns microcosmos, o núcleo positivo foi expelido; em outros, o negativo. Essa é a verdade sobre a "separação dos sexos". Os microcosmos atingidos por essa calamidade ficaram, no mesmo instante, binários, em vez de trinitários.

As conseqüências foram trágicas. Com o esforço centrípeto, cessando de servir ao reino de Deus e procurando e querendo o próprio reino, esses microcosmos mutilados estabeleceram fronteiras naturais e se colocaram no interior de um mundo espacial.

Onde há fronteiras, domina também o tempo. Onde se mergulha no espaço-tempo, dominam — pela rotação — luz e treva, noite e dia; aí se precipita na dialética.

Com a expulsão de um dos núcleos atômicos, devido ao calor sem medida produzido pelo fogo, foi precisamente o reino interior que desmoronou. Assim, pela primeira vez apareceu a morte. O microcosmo que se tornara binário não foi capaz de preservar seu reino assim como desejava — o reino pereceu. Mediante afirmação, o microcosmo tudo perdeu! E, esvaziado, o microcosmo vaga na noite do mundo, impelido de um lado para outro, ao sabor das correntes magnéticas da ordem temporal.

Quem poderia salvar esse sistema excluído do Nirvana, do Paraíso? O microcosmo estava morto-vivo, sob sofrimentos indizíveis e insuportáveis, sem objetivo. Como poderia ele chegar a um novo início? Como poderia regressar? Em teoria, a questão parece simples. O núcleo-alma expulso deveria reintegrar-se ao sistema e, em completa auto-rendição, ligar-se ao outro núcleo-alma ainda presente. Desse modo, o reino original seria restabelecido.

Contudo, de onde deveria vir esse núcleo-alma expulso? Não havia ele se dissolvido no espaço e voltado, como força, às fontes de energia neutra? Poderia uma nova centelha, enviada da irradiante eternidade para o embaçado domínio da morte, fazer que o sistema que se tornara binário se transformasse de novo em trinitário, auxiliando, assim, o microcosmo a recuperar sua majestade?

Essa seria, sem dúvida, a solução. Porém, sem maiores cuidados, essa centelha divina, devido a sua incomensurável força e tensão e à diferença entre sua vibração e a da natureza da morte, ocasionaria uma nova catástrofe. O microcosmo inteiro explodiria e retornaria à energia neutra.

Daí, antes que Deus enviasse seu Filho, sua centelha, ao sistema decaído, uma série de medidas preparatórias deveria ser levada em consideração. *Este* foi o grande problema diante do qual a Fraternidade* Universal se viu colocada.

2

A doutrina da reencarnação

Tivemos, com a leitura do capítulo anterior, uma idéia aproximada do mistério da Queda. Vimos que os microcosmos originais perderam sua natureza trinitária e se tornaram binários. Comparamos o microcosmo ao átomo e verificamos que originalmente ele possuía três núcleos, três almas. Com o auxílio desse sistema, o microcosmo podia operar de modo autocriador e automanifestador.

Assim como um átomo pertence a um sistema maior, a um grupo de átomos, o microcosmo devia manifestar seu poder autocriador não de maneira centrípeta, mas centrífuga. Poderosas energias estavam acumuladas no microcosmo. Pela manifestação centrífuga dessas energias, o microcosmo, sem prejuízo para seu próprio sistema, podia cooperar de modo gratificante na manifestação e conservação do corpo universal, o reino universal de Deus.

Se, pelo contrário, as energias irradiadas se voltassem para o interior, o calor e a força daí desenvolvidos seriam demasiado fortes para o sistema microcósmico. Dar-se-ia uma combustão, uma desnaturação. Como vimos no capítulo anterior, algo semelhante de fato se passou. Um dos três núcleos atômicos foi expelido do sistema, perdeu-se no espaço, e restou um átomo com dois núcleos. Um átomo que, devido a sua desnaturação, já não podia expressar-se nem ser utilizado no reino original. Todos os microcosmos que se tornaram binários, tal como foi descrito, foram expulsos do reino de Deus por razões puramente científico-naturais e erravam, como que sem sentido, num espaço correspondente a seu próprio estado de ser.

Na Doutrina Universal esse espaço é denominado "o caos". Em geral, entende-se "caos" como desordem, o que não é correto. "Caos" significa "sem ordem", ou "completamente informe". Por conseguinte, compreendereis que os referidos sistemas decaídos foram lançados num espaço totalmente informe. Sua desnaturação impossibilitava seu retorno ao estado original.

De fato, tratava-se de um novo tipo de microcosmo não previsto pelo Logos,* mas que surgira pela contranatureza, por abuso de liberdade. Em sentido gnóstico, o novo tipo de microcosmo já não tinha razão de ser, já não se ajustava na onimanifestação e era uma dissonância na harmonia das esferas. Eis por que chamamos a atenção para o grande problema que essa coletividade de novo tipo de microcosmo apresentou à Fraternidade Universal, a saber: o problema relativo às possibilidades de salvação dessa legião decaída.

Talvez saibais que Jacob Boehme, em seus escritos filosóficos, também se ocupou com esse problema. Ele explica, a seu modo, como a Fraternidade Universal o resolveu, em benefício dos microcosmos decaídos. Ele diz que a Gnosis fechou para estes últimos o Universo divino – e sabemos que cientificamente não podia ter sido de outro modo – e, como resultado, no espaço onde se encontravam esses seres decaídos, foi criada uma ordem de emergência temporária, uma ordem cujo coração Cristo arrebatou, para redimi-los.

Deveis compreender de modo claro que o microcosmo é imortal. Embora a morte consuma seu ser e reine no interior de seu sistema, de fato sua existência não foi afetada, não obstante esteja carregada com os efeitos de inumeráveis faltas que a desnaturam cada vez mais. Talvez possais imaginar aproximadamente esse estado: certos microcosmos foram precipitados da ordem divina para o caos; esses sistemas se tornaram sem objetivo, sem significado e inativos. De fato, para eles não há plano, não há energia universal que os movimente, e ainda que essa energia existisse, ela seria totalmente absorvida pela natureza centrípeta do novo tipo de microcosmo. Considerando que os sistemas desse gênero são providos de certa medida de consciência, podeis imaginar o grau de sofrimento a que ficaram submetidos em seu caos.

Para essa quantidade incontável, segundo nossa compreensão, de microcosmos decaídos foi criada uma ordem cósmica provisória no caos, foi criado um universo temporal, um universo de morte, um universo submetido de modo perpétuo às leis da dialética, ao perpétuo crescer, brilhar e decair. Um universo sujeito ao movimento alternado de dilatação e de contração, um universo relativo. Portanto, pode-se falar de um plano divino a serviço de nosso estado de queda, mas seria insensatez confundir esse plano divino de salvação com a ordem do reino divino original. Precisamos enfatizar bem este fato, a fim de que não fiqueis confusos, e caso isso já tenha acontecido, possais libertar-vos da confusão.

Aprofundemo-nos, agora, na essência do plano divino de salvação, porém antes vamos instruir-nos bem sobre a estrutura do microcosmo que se encontra nos domínios dialéticos.

O microcosmo é uma esfera. Na parte externa dessa esfera há um complexo campo magnético. Quando examinamos essa esfera de certa distância, nossa atenção volta-se para o "ser* aural". A camada externa da esfera é de composição sétupla. Nela existe um sistema magnético, ou seja, um conjunto coerente de pontos magnéticos. O ser aural possui também um núcleo atômico, e o sistema de pontos magnéticos forma com esse núcleo uma unidade mais ou menos consciente. A essa unidade consciente denominamos "ser aural" ou "alma aural".

Em sua parte interna a esfera microcósmica possui um vazio que chamamos de "campo* de manifestação". No centro exato desse campo se localiza um segundo núcleo atômico. Esse núcleo é conhecido como "rosa-do-coração",* "jóia maravilhosa" ou a "alma latente, desconhecida". Num exame mais detalhado, verificamos que a alma aural não tem ligação nem mantém contato algum com a rosa-do-coração. Embora linhas de força magnética partam diretamente do ser aural para o interior e o campo de manifestação esteja repleto de vibrações poderosas e contínuas, a rosa-do-coração não reage a essas vibrações, ela está adormecida. Por conseguinte, vemos que somente existe vida efetiva quando consideramos o ser aural. No campo de manifestação da esfera, no tocante à vida, há apenas um "vazio" total.

É necessário que compreendais o que pretendemos dizer com referência à vida do ser aural, porque é uma vida bem estranha a que nele há. Não conhecemos esse gênero de vida em nossas formas de existência. A vida do ser aural não é de natureza mineral, nem vegetal, nem animal, nem se pode denominá-la também supra-humana.

A melhor maneira de compreender o estado de consciência do ser aural é compará-lo com o estado de consciência de um elemental. É uma consciência resultante da colaboração de forças magnéticas, podendo ser límpida ou turva, forte ou fraca, boa ou má, sempre de acordo com os processos que, do exterior ou do interior, influenciam a esfera. Portanto, é uma consciência sem nenhuma reação psicológica profunda, intrínseca, perfeitamente neutra, automática. Se falamos de consciência automática, claro está que o microcosmo deveria possuir um ser-alma que o guiasse, caso almejasse viver, no mais elevado sentido da palavra. Ora, esse ser-alma já não existe no microcosmo, cujo estado danificado já descrevemos. Há apenas uma pseudo-vida na alma aural e uma vida latente na rosa-do-coração. Além disso, nada mais existe! Dificilmente nós podemos afirmar que esse microcosmo vive, muito menos que esteja morto.

Portanto, esse é agora o estado de um microcosmo esvaziado em nosso domínio de vida. Esta é a condição em que ficaram todos os microcosmos quando, no sistema, pereceu a terceira alma. Lembramo-vos que o terceiro núcleo-alma, em colaboração com a alma-rosa, mantinha no campo de manifestação do microcosmo a existência de uma personalidade magnífica. Contudo, essa personalidade desapareceu, volatilizou-se do campo de manifestação, no momento em que a ordem do sistema foi perturbada pela atividade centrípeta.

O que deverá acontecer agora? Bem, o terceiro núcleo-alma deve ser reconduzido ao sistema. Ele deve restabelecer a unidade com a alma-rosa e, assim, restaurar por completo a entidade original. Ora, de onde surgirá esse terceiro núcleo-alma? O terceiro aspecto da alma volatilizou-se no calor do fogo, desagregou-se em energia.

Por conseguinte, um sério problema teve de ser resolvido pelo Logos. Esse problema, é indispensável dizer, está ainda em fase de solução, porque ainda não foram salvos todos os microcosmos. Grande parte deles não regressou ao reino original.

Já dissemos que foi criada uma ordem cósmica de emergência, cujo objetivo era criar um ser vivente que pudesse, temporariamente, substituir a alma e a personalidade original desaparecidas. Uma vez que essa entidade provisória substituta conseguisse, até certo ponto, agir no campo de manifestação do microcosmo, estaria, então, criada a possibilidade de um grande processo de transfiguração, e, portanto, de retorno ao reino original.

É possível que vos seja muito difícil admitir que sois o produto final momentâneo de uma ordem de emergência planejada. Representais, ao nascer, o terceiro núcleo-alma desaparecido; e vosso tenro corpo representa a forma gloriosa de outrora. Esse núcleo-alma e esse corpo recém-nascido são encaminhados para o interior de um microcosmo esvaziado. A bem dizer, esse processo é uma operação, um transplante: um órgão procedente de uma ordem de emergência é enxertado numa entidade de outra ordem. Resta agora saber se o órgão transplantado quererá e será capaz de assumir sua tarefa; e se o plano de regresso, que é o objetivo da operação, se realizará.

A senda da transfiguração pode tornar-vos conscientes de vosso estado e do grande objetivo a ser atingido. Se conseguirdes entrar em comunhão harmoniosa com o átomo-rosa, o ser aural neutro reagirá de imediato, e o grande processo de salvação terá início. E, no que concerne a vós, como produto final da ordem de emergência, desenvolver-se-á grande e intenso milagre. Assim como o órgão transplantado num corpo pode reagir e, com isso, fazer viver o corpo inteiro e, por sua vez, viver no corpo que o aceitou, assim também, graças ao processo gnóstico quíntuplo — o método de transplante — sereis admitidos na vida da ordem original. Abandonareis, assim, a ordem provisória a que pertenceis, para ingressar numa ordem superior com o sistema em que fostes introduzidos. Desse modo, estareis encarnados, transplantados num ser divino, e com ele vivereis eternamente. De pleno direito, sereis um "nascido duas vezes": uma vez segundo a natureza terrestre e outra vez segundo o ser celestial.

Se essa ascensão, se esse segundo nascimento não se realiza, então sabeis muito bem qual deve ser o fim. Sofrereis a morte de vosso estado terrestre ("és pó e ao pó voltarás"), e vosso microcosmo, enriquecido de mais uma desilusão, deverá, com freqüência seriamente ferido, aguardar nova oportunidade.

Estamos agora suficientemente preparados para analisar a doutrina da reencarnação, por muitos aceita, mas por nós rejeitada.

Vossa entidade da ordem de emergência foi conduzida a um elevado grau de perfeição de consciência. Essa perfeição era necessária à realização do plano de salvação, visto que, para trilhar o caminho dos duas vezes nascidos, é imprescindível ter à disposição um ser dotado de elevada inteligência e de personalidade finamente equipada, um ser capacitado de fato para ser o portador* de imagem do terceiro núcleo-alma primordial e sua respectiva personalidade. Quando se dispõe desse portador de imagem, esse ser pode, com boa possibilidade de êxito, entrar em ligação com o outro ser, o microcosmo esvaziado, a fim de que os dois se tornem *um* e essa nova unidade possa regressar ao Reino Imutável. Eis, em síntese, o grande plano.

Esse plano deve fazer-se "carne", isto é, deve tornar-se realidade. No passado da humanidade, numerosas entidades demonstraram que é possível esse fazer-se carne. O Verbo, que é o plano de Deus, muitas vezes se fez carne e habitou entre nós, e muitos viram sua glória, glória que faz lembrar de imediato aos que conhecem o plano e sua formação a magnificência original dos filhos unigênitos do Pai, cheios de graça e de verdade.

Temos o dever, o poder e a capacidade de realizar essa glória, porque somos os portadores de imagem do terceiro ser-alma perdido. Como tais, somos moldados, de maneira precisa, da matéria desta ordem mundial e podemos atuar no sistema microcósmico decaído, tornar-nos *um* com ele, fazê-lo voltar à sua glória perdida e participar dessa glória para sempre.

Contudo, compreendereis que nosso estado de ser, enquanto portadores de imagem, encerra grande perigo. Trata-se do perigo de que um ser provisório, transformado por evolução em portador de imagem e chamado a tão elevado estado de liberdade, imagine-se uma perfeição individualizada e, devido a essa ilusão, se aposse de um poder que faria a ordem de emergência voltar à desordem.

3

A armadura óctupla

No capítulo anterior, descrevemos duas entidades totalmente diferentes entre si, que, de modo temporário, formam juntas o ser que, em sentido geral, costumamos denominar "homem". Uma delas é o microcosmo esvaziado originário do domínio nirvânico, de onde caiu devido à sua atividade centrípeta, cujo resultado foi a perda do terceiro núcleo-alma. A outra entidade é a que diz "eu", que se experimenta como um "eu", o ser-alma terrestre, material e mortal com sua personalidade.

Um desses seres, o microcosmo esvaziado, é um ser da eternidade, ainda que esteja sujeito a numerosas transformações. O outro ser, a alma-eu terrestre, leva uma existência temporária; uma parte dessa entidade material morre na esfera material, e a outra parte se volatiliza na esfera* refletora. O ser que diz "eu" é completamente aniquilado, e dele nada resta.

Na prática, notamos que a alma mortal da maioria das entidades vivas é ligada, por ocasião do nascimento, a um microcosmo esvaziado. O mortal e o eterno transformam-se numa unidade completa, que é temporária ou eterna. Esse "temporário" ou esse "eterno" depende inteiramente dos fatores de compreensão e tensão entre as duas entidades.

Quando a unidade é temporal, vemos que em dado momento ela é desfeita: a parte mortal cai, qual folha seca, e tem o destino de toda matéria; a parte imortal permanece errante e vazia, a maior parte das vezes ferida de modo grave.

Quando a unidade se torna eterna, observamos o ser-alma mortal devotar-se, oferecer-se e unir-se ao ser-alma latente no centro do microcosmo, a rosa-do-coração, a jóia maravilhosa. Quando esses dois se unem, formam uma tríade com o terceiro ser-alma, localizado no ser aural do microcosmo. Assim, essa nova união, segundo o estado de alma e seu inteiro estado de ser, impelirá a si mesma à transfiguração, ao regresso ao domínio nirvânico, à glória original. Esse processo é o único caminho para transformar a alma mortal e sua personalidade num ser eterno e reconduzir à casa do Pai o microcosmo decaído. Essa é a senda de salvação.

Sem dúvida, compreendereis o meio para trilhar esse caminho. Não é tanto o fato de vós, como alma mortal, vos dedicardes à rosa-do-coração do microcosmo, porém, o fato de serdes capazes disso, de terdes a possibilidade disso, que constitui o grande milagre de salvação do Logos. *Esse* é o grandioso mistério da ordem de emergência, da qual o ser humano procede.

Em sentido divino, esta ordem de emergência deve ser a oficina de trabalho onde o processo de restauração do microcosmo decaído deve ter início. Quem somos nós, então, almas mortais utilizadas para esse objetivo?

Somos os portadores de imagem da Gnosis. É necessário que compreendais o que isso significa. Não somos portadores de imagem de Deus, no sentido de sermos Deus, ou algo divino, como tantas vezes é insinuado. Não, somos ideações da Gnosis, isto é, o produto final de um gigantesco plano divino da Fraternidade Universal. Somos os portadores de imagem do terceiro átomo-alma desaparecido do microcosmo e, como tal, somos chamados para a restauração do Universo divino.

Embora almas mortais, somos de origem muito elevada e nobre. Contudo, entendamos bem o seguinte: fomos criados como "meio", jamais como "fim". Fomos criados como um meio para possibilitar à grande hierarquia de microcosmos decaídos a restauração da onimanifestação universal divina.

Contudo, não somos instrumentos que são sacrificados para restauração do plano divino. Não somos seres inteligentes que foram criados para desaparecer após sua utilização, porque desse modo, com justa razão, poder-se-ia falar de crueldade. Não, se nos devotarmos ao grande objetivo para o qual fomos criados, também alcançaremos a eternidade – apesar de nossa natureza finita, mortal. Então, como Paulo jubila: "A morte foi tragada na vitória".

A manifestação de salvação cristã não é um drama inumano, mas refere-se a uma gloriosa, alegre e quase incompreensível comédia. A manifestação de salvação cristã é o final feliz da ideação divina que toma corpo em nós, desde que aceitemos as conseqüências decorrentes dessa ideação.

O último capítulo deve ser agora escrito, a última profecia deve ser realizada, por nós, para nós e em nós. Como almas mortais seguis uma via-crúcis. Uma via-crúcis é um caminho de sacrifício e tem um objetivo. Podeis fazer dele um caminho inútil, um simples caminhar do berço ao túmulo. Como tal, ele é infinitamente cruel devido a sua inutilidade, a sua ilusão e a sua experiência. Todavia, ele se transforma por completo ao realizardes vossa vocação. Então, literalmente, a rosa será atada* à cruz. E, como ideações originais do terceiro núcleo-alma, vós vos consagrareis inteiramente à rosa. Colhereis essa rosa no roseiral; e cuidareis desse botão, para que ele desabroche.

Vossa via-crúcis converte-se, assim, numa senda de libertação, porque, aceitando vossa tarefa da rosa, o ser aural neutro se transforma num ser superior. Isso invoca, em abundantes correntes, a salvação divina que ondula acima de vós em inexprimíveis bênçãos. Vossa senda da rosa tinge-se do ouro maravilhoso do paraíso nirvânico. É para isso que sois chamados, porque sois capazes de fazê-lo. É para isso que fostes criados. A todas as almas mortais que aceitam o objetivo da rosa "ele dá o poder de se tornarem filhos de Deus".

Tereis já escutado, algum dia, evangelho mais otimista, mais maravilhoso e, ao mesmo tempo, mais científico e digno de fé do que este? Por que, então, vos agarrais com tanta força à via-crúcis da natureza, como se vos agarrásseis ao cadafalso? Por que vos agarrais à esperança ilusória de que voltareis para outra vida de dor, igual a esta? Acaso a paixão pela existência é tudo o que tendes? Ou sois o ser-alma de uma ordem de emergência, o ser-alma de uma ideação divina, o meio para a meta libertadora?

Podemos reconhecer todas essas reações negativas tanto em vós mesmos como em outros. Essas reações incompreensíveis bastariam para duvidarmos do direito de nos chamarmos de "portadores de imagem de Deus". Mas isso ainda não é tudo, já que corremos perigos cujas conseqüências nos pregam peças constantemente.

Existe uma ilusão organizada, gigantesca, de múltiplas facetas, que se interpõe, sem cessar, entre nós e a meta da rosa, entre nós e a única senda. Portanto, estamos sendo continuamente vitimados. Os perigos foram comunicados ao nosso sangue e a toda a geração das almas humanas. O portador de imagem de Deus é violentado, e por causa desses perigos vemos entidades que chegaram a um desenvolvimento perfeito de novo se degenerarem. As linhas de desenvolvimento curvam-se novamente para baixo, e os valores adquiridos se perdem, e daí surge espantosa confusão. O mundo da dialética, a ordem de emergência, destinado a ser apenas um campo de desenvolvimento transitório, transformou-se, portanto, numa ordem de malignidade, com um mal tremendo e furioso à espreita. Ora, esse mal contagiou também nosso ser, e devido a isso somos portadores de imagem contaminados pela imundície da malignidade dos séculos. Eis por que Paulo escreveu, em Efésios, capítulo 6: "Porque não temos de lutar contra carne e sangue, mas, sim, contra as potestades, contra os príncipes das trevas deste século, contra as hostes espirituais da maldade, nos lugares celestiais".

Infelizmente, já não basta apenas preparar para a senda nossa entidade-alma e nosso estado de carne e sangue, como se tivéssemos apenas de esforçar-nos para juntar-nos à luta. Não, no total conjunto das esferas material e refletora se encontram forças organizadas que nos aprisionam. Essas dificuldades representam para nós uma questão de grande relevância, e assim temos, antes de tudo, o dever de investigar a fundo se tais obstáculos não serão, de fato, excessivamente difíceis de ser vencidos.

Na qualidade de portadores de imagem de Deus, somos chamados para a gloriosa missão da senda áurea da rosa. No entanto, somos impedidos, do exterior, pelo campo de radiação da malignidade e, do interior, pela semente de malignidade que se enraizou em nós, porque estamos contaminados com ela desde o nascimento. Que devemos, pois, fazer? Paulo dá a resposta na mesma Epístola aos Efésios, capítulo 6:

"Portanto, tomai toda a armadura de Deus, para que possais resistir no dia mau e, havendo feito tudo, ficar firmes.

1. Tendo cingidos os vossos lombos com a verdade,
2. e vestida a couraça da justiça,
3. e calçados os pés na preparação do evangelho da paz;
4. tomando sobretudo o escudo da fé, com o qual podereis apagar todos os dardos inflamados do maligno;
5. tomai também o capacete da salvação
6. e a espada do Espírito, que é a palavra de Deus;
7. orando em todo tempo com toda oração e súplica no Espírito
8. e vigiando nisso com toda perseverança e súplica por todos os santos."

Eis uma armadura óctupla, um caminho óctuplo, que nos faz pensar na senda óctupla do budismo.

No conhecido Catecismo Budista,[3] nas perguntas e respostas 125 e 126, lemos:

"Como podemos alcançar a vitória sobre nós mesmos? Percorrendo a nobre senda óctupla. O que entendeis por estas palavras? As oito partes dessa senda são:

1. compreensão justa,
2. pensamento justo,
3. fala justa,
4. ação justa,
5. esforço justo,
6. memória justa,
7. autodomínio,
8. meditação justa."

A classificação escolhida por Paulo é ligeiramente diferente da de Buda, mas absolutamente idêntica em seu conteúdo. A classificação varia com os tempos, porque o corpo racial e a natureza psíquica das almas mortais são continuamente submetidos a mudança e cristalização, devido à corrupção engendrada pelo mal. Por conseguinte, a senda óctupla sempre deve ser modificada em sua divisão, a fim de adaptar-se a cada época.

Para ambos, Paulo e Buda, a senda começa pela compreensão. Logo em seguida, Paulo pede a justiça, e Buda, o pensamento justo. Isso é compreensível. Com efeito, se nós ocidentais, uma vez chegados a certa compreensão, tivéssemos de pensar com os poderes de nossa faculdade de pensamento cristalizada, obteríamos um emaranhado de pensamentos contraditórios, inextricáveis. Por isso Paulo nos confronta diretamente com a ação baseada na compreensão, pois é graças a ela que o homem chega à purificação do

[3] Cf. Olcott, H. S., *The Buddhist Catechism*. Londres: Madras, 1897.

sangue. O sangue denso, pesado, espesso, sempre inclinado para a matéria, é modificado por tal conduta, e apenas mais tarde o novo poder do pensamento, qual capacete de salvação, se converte em realidade.

4

O derramamento de sangue

Vimos, no capítulo anterior, que, na qualidade de portadores de imagem de Deus, chamados para a sublime missão da senda áurea da rosa, somos obstaculizados: no exterior, pelo campo de radiação da malignidade; no interior, pelo sangue de nosso nascimento, porque a semente do mal criou raízes em nós.

A fim de passar ilesos por esses impedimentos e permanecer firmes em nossa vocação divina, Paulo aconselha-nos a revestir-nos de uma armadura óctupla. Agora gostaríamos de explicar com mais detalhes essa armadura óctupla.

"Tendo cingidos os vossos lombos", é dito de início. Em sentido superficial, "cingir" refere-se à vestimenta, a vestir-se e aprontar-se para uma viagem. Porém, o simbolismo claro empregado aqui por Paulo nos obriga a uma reflexão mais profunda.

Trata-se, de fato, do sistema fígado-baço, cujo centro está localizado no plexo solar. Esse sistema, localizado à altura dos rins, é a central, por excelência, da produção e do controle do sangue. Por conseguinte, "cingir-se", nesse sentido, significa: fundamentar-se numa certeza do sangue. Todos os atos do ser humano, o trabalho invisível do pensamento e dos sentimentos, bem como as ações exteriores, originam-se no sangue ou são controlados por ele.

Quando uma pessoa se cinge de determinada certeza do sangue; quando essa certeza emana do sistema fígado-baço; quando, no fígado, o sangue é continuamente provido dessa certeza e a pessoa em questão vive de fato desse estado do fígado, então sua vida de atividades corresponderá totalmente a esse estado de sangue. Portanto, se almejais de fato vivenciar e trilhar a senda da rosa, é indispensável que o objetivo desse caminho, sua essência e sua verdade absoluta estejam presentes em vosso sangue.

Podeis imaginar com facilidade a situação dos que querem percorrer essa senda da rosa sem possuir esse estado básico do sangue. Essas pessoas forçam sempre sua natureza em maior ou menor medida. Quando essa certeza do sangue não está presente, surgem infalivelmente dificuldades, seja com o discipulado seja com a Escola da Rosacruz, ou por ambos os motivos. Os que possuem a exigida assinatura do sangue receberam-na, principalmente, na Escola da Rosacruz e através dela, o que significa que essa luta travada no âmbito desta Escola ganhou forma. A fim de encontrar-se uma solução para esse conflito que, sem descanso, deve ser conduzido individual e continuamente dentro de um campo espiritual em construção, é indispensável que a certeza fundamental do sangue se manifeste de modo indiscutível.

De que maneira podemos adquirir tal certeza do sangue? Para compreender bem isso, precisamos considerar os cinco fluidos da alma.

Em primeiro lugar, há um *fluido astral.* Esse fluido penetra nosso sistema por meio da faculdade magnética de nosso cérebro, preenchendo, com o seu fogo, as sete cavidades cerebrais, o candelabro sétuplo. Esse fluido é o fogo-eu, o núcleo da consciência, pelo qual se explicam os outros quatro fluidos.

O fluido astral vivifica os doze pares de nervos cranianos. Com o auxílio do *fluido nervoso* – o segundo fluido da alma – nascem doze faculdades, doze qualidades, que podem, com razão, ser denominadas: os doze discípulos, os doze éons* do homem. Eles possibilitam a vida orgânica do homem.

O terceiro fluido da alma é o *fogo* serpentino,* situado no interior do canal da coluna vertebral. Esse terceiro fluido estabelece a ligação do candelabro sétuplo da cabeça com o plexo sacro, localizado na base da coluna vertebral. Esses dois pontos, o candelabro da cabeça e o plexo sacro, constituem os dois pólos magnéticos de nossa personalidade. Por este motivo, o plexo sacro também realiza as mesmas funções que o pólo sul de nosso planeta.

No eixo da personalidade, o fogo serpentino, o verdadeiro fogo astral se revela, misturado com todos os impulsos cármicos magnéticos do passado do microcosmo. Por conseguinte, devemos considerar o fogo serpentino como uma mistura de passado e de presente. Essa essência também é transmitida ao sistema por meio dos nervos da medula espinhal, a fim de que ele se comporte em conformidade com a totalidade do conjunto eletromagnético. Entretanto, essa preparação ainda não é suficiente para que essa base vital realize sua tarefa.

Por isso, há necessidade de um quarto fluido: o *fluido hormonal,* proveniente das glândulas endócrinas. Podemos considerar essas glândulas como estações transformadoras de fluido eletromagnético, cada uma carregada de um fogo magnético, cada uma destinada a uma tarefa específica e secretando um hormônio diferente, que é transmitido ao quinto fluido da alma, o produto final das atividades da alma: *o sangue.*

O ser inteiro fala, trabalha e dá testemunho no sangue. A alma, em sua totalidade, manifesta-se no sangue. Assim como é o sangue, assim é o homem. No sangue e pelo sangue o estado de consciência se transforma, desse modo, em estado de vida. Portanto, é evidente que se uma verdade deve viver em nós, se deve ser liberada de fato, ela deverá estar presente em nós como um estado de sangue, como uma certeza sanguínea, para que se concretize no sangue a totalidade da alma quintupla. Por isso o sangue é, como foi dito certa vez, um "fluido muito peculiar".[4]

[4]Cf. *Fausto,* de Goethe.

Ninguém pode cingir-se com uma verdade que não provenha do sangue. Pode-se forçar esse estado, quando muito, durante certo tempo, mas não há ninguém que possa mantê-lo continuamente. Assim, ninguém pode percorrer a senda da rosa até o final sem essa certeza do sangue, sem basear-se no princípio: "cingir os rins com a verdade". Assim, o primeiro cuidado do aluno de uma escola espiritual é cuidar para que a verdade possa, de modo efetivo, ser "cingida". Quem possui a verdade no sangue pode confirmá-la mediante seu impulso sanguíneo. Ele pode trabalhar com base no sangue e por meio do sangue. As atividades do sangue capacitam-no a alcançar seu objetivo.

Quando executamos nossa tarefa com base no sangue fazemos uso de uma força: a força sanguínea. Desse modo, derramamos nosso sangue. Eis por que é dito que Jesus, o Senhor, e outros grandes da Gnosis derramaram seu sangue pela humanidade. Eles utilizaram, despenderam sua força sanguínea, na qual vivia e vibrava a verdade divina. Eles empregaram essa força a serviço de uma humanidade pecadora e hostil.

Portanto, a causa desse derramamento de sangue, dessa mais profunda manifestação da alma, deve ser procurada no próprio homem. Enquanto vivermos fora da verdade, alheios à verdade, outros, que a possuem em seu imo, deverão derramar por nós sua força sanguínea. O derramamento de seu sangue é para nós bênção e salvação. As feridas de sua alma se transformam para nós em cura. Nós os pregamos à cruz do derramamento de sangue, à qual se entregam voluntariamente. E mediante esse sacrifício eles vencem o mundo.

Nossa intenção é mostrar de maneira clara a exatidão absoluta dos fatos relativos à manifestação divina de salvação, sobre os quais os dogmáticos e os teólogos nada mais fazem que especular, porque seu conhecimento deriva de escritos e fatos históricos.

Compreendereis agora quão verdadeiro é o que nos faz ver um poeta do século XVII através de seu canto:

Ó Senhor, é por culpa minha
que carregas com divina paciência
o fardo de meus pecados.

Vê, estou diante de ti,
qual pecador que aguarda
um raio de tua misericórdia![5]

Quem possui a verdade no sangue é obrigado a derramá-lo em benefício das entidades que não vivem ainda de um estado de sangue semelhante.

[5]Poesia de Paul Gerhardt.

5

Cingi-vos com a verdade

Da alma humana emana uma radiação, uma luz, uma vibração. A alma humana corresponde a uma fórmula magnética. A força de alma do homem dialético, do portador da imagem de Deus, é de uma natureza particular. Fomos criados como portadores de imagem de Deus. Não somos seres divinos, porém uma imagem deles.

Somos imitações maravilhosamente formadas do terceiro ser-alma perdido. Graças a nossa estrutura maravilhosa, somos chamados e habilitados para acolher em nosso sistema a verdade divina original, que como força de radiação é onipresente, e deixá-la operar em nós, a fim de nos preparar para assumir o lugar do ser-alma desaparecido.

Suponhamos que não executeis essa missão, ou porque não a compreendeis, ou porque recusais esse caminho devido às deformações e aos impedimentos de vosso quíntuplo estado de alma. Neste caso, falhais no cumprimento da missão para a qual fostes chamados.

Fostes chamados, criados, para ser portadores de imagem de Deus, para seguir o caminho estabelecido por Deus para os homens. Se negligenciais essa vocação, se a negais, por qualquer razão que seja, vossa alma produz sua própria contra-natureza e mergulha num poço de dor e sofrimentos sem fim.

Quando um ser é criado para determinada tarefa e, dotado das possibilidades de realizá-la, não a assume, então produz-se uma inversão de valores; a dialética apresenta um caráter diferente — caráter que todos nós conhecemos muito bem. O portador da imagem de Deus deve morrer no Outro e voltar ao estado original, do contrário irá ao encontro da morte única na corrupção. Ou a morte para alcançar a eternidade, ou a morte da finalização e do aniquilamento.

Se não aceitais vossa vocação divina, não é preciso ser profeta para predizer, com certeza, que escolhestes um caminho de tristezas, de dificuldades, de misérias inúteis e sem fim. Então, esgotados e vencidos pela vida, após numerosas e amargas experiências, talvez depois de muitos anos, ver-vos-eis por fim impelidos a seguir vossa vocação. Contudo, é bem provável que estejais de tal modo danificados que já não tenhais êxito, e apenas vos reste seguir o caminho de toda a carne.

Não apelamos aqui para vosso instinto religioso nem procuramos amedrontar-vos, pois o animal, à sua maneira, também é temente a Deus. Dirigimo-nos ao vosso entendimento, à vossa compreensão moral-racional. Deveis cingir-vos com a verdade da Gnosis. Podeis fazê-lo se lhe abris o coração do modo descrito, isto é, trilhando a senda áurea da rosa. Quem aceita essa senda acolhe no próprio sangue a verdade divina e nele a consolida. Quem adiar essa aceitação verificará que a mudança exigida se tornará cada vez mais difícil.

Necessitais agora de muita prudência para não arrazoar e balbuciar sentenças gnósticas, exaltando as exigências da renovação sem, contudo, realizá-las. Tendes de tomar parte ativa no drama da grande mudança. Por isso, colocamo-nos sobre os fundamentos da realidade e perguntamos: "É possível explicar, de maneira científica, o toque da verdade gnóstica?"

Sim, isso é possível. Dirigimo-nos ao vosso entendimento com a finalidade de despertar vossa compreensão racional. Se puderdes ser atingidos racionalmente, também o sereis moralmente. Eis por que falamos sempre de uma compreensão "moral-racional", o que significa que junto com a aceitação racional se produz um toque interior.

Com efeito, o toque racional provoca a ruptura de vosso equilíbrio anímico, perdeis o equilíbrio anímico comum dialético. Ora, essa alteração abre vosso esterno para um toque de natureza completamente distinta, ou seja, para o toque do fluido eletromagnético que emana de nós. E se tiverdes suficiente receptividade, tocaremos vossa rosa-do-coração. Somente os servidores da Fraternidade da Gnosis têm o poder de tocar vosso coração e abrir o átomo primordial. Contudo, podeis estar absolutamente certos de que essa magia jamais será imposta

Suponhamos que conseguíssemos comover-vos de maneira moral-racional, e que, desse modo, a rosa em vosso coração fosse tocada. A verdade, nesse instante, estaria mais próxima de vós do que mãos e pés, pois teria irrompido em vós. Então estaríeis ligados à verdade, tal como ela vive na Escola Espiritual. E isso é um começo. Nós, que vos trazemos estas palavras, somos tão-somente os escavadores que, com britadeiras, abrem o caminho para ajudar-vos a encontrar os instrumentos de precisão ocultos no solo. À nossa retaguarda está a Fraternidade, a Hierarquia* de Cristo, que deve executar em vós seu trabalho no terreno já preparado.

O trabalho de pioneiros, que temos em vista e empreendemos, é deveras necessário porque entre o campo de radiação eletromagnético da Gnosis e o campo do buscador principiante e médio existe grande diferença de vibração. O que pode ser liberado como resultado de nossos esforços podeis compreender, porque estais em condição de aproximar-vos dessa vibração. Desse modo, podeis facilmente "cingir essa verdade" transplantada em vós e, portanto, ligada a vosso sangue, desde que haja uma base de trabalho em vossos cinco fluidos da alma.

É assim que deveis compreender o que é a oferenda do sangue de Cristo. Quando a verdade vos toca e é ligada ao sangue, já não sois tão-somente os portadores de imagem, mas tereis também recebido vossa parte da herança. Vós vos tornais, desse momento em diante, num filho de Deus. A ideação começa a se tornar realidade. Algo se revela em vós que vos permite dizer: "*Abba*, Pai", assim como diz Paulo em sua Epístola aos Romanos. Essas palavras significam que há uma nova força em vós, que vos une à vida original, uma força à qual podeis agora servir, e da qual podeis utilizar-vos, porque ela está em vós.

Eis por que o segundo aspecto da senda óctupla é: "Revesti--vos da couraça da justiça". Desde o momento em que o homem é dessa forma enobrecido no sangue pelo Pai, dele emana uma nova luz anímica, graças à qual ele pode servir, sim, ele tem de servir. Desse momento em diante ele derrama no mundo a justiça divina.

6

A couraça da justiça

No capítulo anterior explicamos com detalhes o sentido oculto das palavras de Paulo na Epístola aos Efésios, capítulo 6: "Tendo cingidos vossos lombos". Descobrimos que o campo de radiação magnético da Gnosis realiza no homem um contato duplo.

Em primeiro lugar, há um toque racional do centro da consciência no santuário da cabeça. Falamos de toque racional porque a filosofia que transmitimos e a explicação de nosso objetivo constituem a onda portadora dessa força de radiação. O segundo toque acomete o esterno e a rosa-do-coração situada atrás dele — o segundo princípio nuclear do microcosmo.

Entre esses dois toques se encontra a comoção moral, isto é, a reação da alma ao toque racional. Se esse toque racional não se produzir, o segundo toque não se realizará, e a rosa permanecerá em botão. Neste caso, a Gnosis não poderá efetivar seu objetivo fundamental no homem.

Daí a pergunta de vital interesse: "Por que o buscador se dirige ao Lectorium Rosicrucianum?" Na maioria dos casos, pode-se esperar que isso aconteça devido à presença de um elemento interior de busca, a uma experiência mais ou menos rica na natureza da morte, à certeza quase positiva de que este mundo não oferece nenhuma solução.

Quando esse buscador é confrontado com o toque racional, a comoção anímica não se faz esperar. Cada comoção anímica corresponde a uma atividade especial no fogo serpentino, no fluido nervoso, no fluido hormonal e no sangue. Portanto, a comoção anímica desencadeia uma atividade que leva a uma "conversão" em todos os fluidos da alma. Essa conversão torna o esterno sensível ao segundo toque, o qual abre a rosa, e a alma se abre por inteiro ao trabalho fundamental da Gnosis.

Além da ausência de comoção anímica após um toque racional, podemos do mesmo modo imaginar que exista uma comoção negativa. Suponde que, ao assistir a um dos serviços templários do Lectorium Rosicrucianum, não concordeis, pouco importa o motivo, com o que foi dito, que isso vos irrite e desperte resistência em vós, e que, como conseqüência, uma severa crítica surja em vós.

Compreendereis que isso também é uma comoção anímica, contudo não a intencionada pela Gnosis; ela se explica inteiramente por vosso próprio estado de ser. Naturalmente essa comoção de natureza negativa não pode sensibilizar o esterno para o segundo toque, mas, ao contrário, fecha-o mais do que nunca. A isso a Bíblia denomina "o endurecimento do coração". Melhor seria, então, para essas pessoas, distanciar-se da Rosacruz do que continuar assistindo aos serviços templários, porque o processo anímico que se desenvolve nelas irá torná-las cada vez mais insensíveis, ocasionando perigos para si mesmas e também para terceiros.

Assim, as pessoas que são confrontadas com a Rosacruz, após um período de tempo relativamente curto, podem ser divididas em três grupos:

1. o grupo dos que reagem positivamente,
2. o grupo dos que são insensíveis ao toque,
3. e os poucos que endurecem o coração.

Quando, pois, após o primeiro toque no centro da consciência, aparece a comoção anímica normal, e por conseguinte o esterno e a rosa se tornam receptivos ao próximo estágio do processo, a verdade pode ser cingida. Isto quer dizer que o primeiro toque magnético da Gnosis pode ser ligado com os órgãos produtores do sangue, ou seja, com o fluido anímico básico. A verdade se tornou, assim, uma faculdade, uma certeza do sangue. Essa mudança fundamental da alma já não poderá ser neutralizada nem provocar o endurecimento do estado anímico à luz da Gnosis. O primeiro passo na senda óctupla foi dado, e o aluno está em condição de se revestir da couraça da justiça, o segundo aspecto da senda óctupla.

Como sabeis, o esterno é um campo magnético. Ele possui três propriedades: um poder de radiação, um poder de atração e um poder de percepção neutro. Ele é, igualmente, composto de três ossos. Cada pessoa, por meio do primeiro poder do esterno, irradia o que ela é. Seu estado de ser do momento é lido e observado em seu coração, de onde irradia para o exterior. Sobre essa base, e com o auxílio do segundo poder, o ser humano atrai forças magnéticas para a nutrição de seu sistema. O terceiro poder revela quais são as questões, influências e forças que deixam a pessoa indiferente e, por conseguinte, inacessível a elas.

Se o terceiro poder do esterno demonstra de modo claro que essa pessoa é indiferente ao mundo da dialética ou a um de seus aspectos, é completamente impossível que forças magnéticas deste mundo sejam atraídas para o sistema pelo segundo poder. Assim, será impossível para essas forças penetrar o sistema. O terceiro poder do esterno é, a justo título, uma couraça que determina os outros dois poderes.

Pode-se compreender, desse modo, que o endurecimento do coração, antes mencionado, também está relacionado com o terceiro poder do esterno. A dureza crescente de vosso coração demonstraria que vos encontrais num estado de indiferença progressiva para com a Gnosis e, como resultado, já não poderíeis inalar a Gnosis pelo esterno como um alimento magnético. Nesse caso haveria apenas uma faculdade de percepção consciente mediante o santuário da cabeça. Então, restaria apenas uma assimilação intelectual e, em essência, não compreenderíeis nada por meio dela. Veríeis, porém não perceberíeis; ouviríeis, porém permaneceríeis surdos, porque o verdadeiro conhecimento, a compreensão justa, apenas se libera pela comoção moral, que é a conseqüência do toque racional. Tendes de chegar à compreensão pela experiência que acompanha a comoção moral.

Assim, é de grande importância determinar a condição de vossa atividade tríplice do esterno, em especial a terceira faculdade, a da "couraça". É certo que, na maioria dos casos, observais numerosas incertezas sobre vós mesmos. Porque, por mais familiarizados que estejais com o ensinamento rosacruz, estais, ainda, em pleno processo de comoção moral. Viveis alternadamente, exatamente como Cristiano Rosacruz, entre esperança e temor, pois na maioria dos casos nada encontrais senão indignidade e reações errôneas. A totalidade desse processo de comoção moral-racional, essa intensa tempestade, reflete-se nas atividades de vosso esterno.

Está fora de cogitação que a tranqüilidade penetrará o coração de quem quer que seja logo ao primeiro contato com o ensinamento rosacruz. Enquanto não há a certeza do sangue e a referida pessoa, por conseguinte, ainda não pode cingir-se com a verdade, o esterno atrai ou repele o que pareça melhor para ela naquele momento, em bases especulativas e incertas.

Estais submetidos a mudanças de humor muito variáveis, em estreita relação com o conflito que, interiormente, procurais resolver, o conflito entre o estado natural e o estado espiritual. Assim como com Cristiano Rosacruz, que em certo momento louvava a Deus e em seguida amaldiçoava seu destino e a própria situação por não ter nenhuma certeza, acontece também convosco, no jogo magnético veloz do coração. Neste caso não se pode em verdade falar de uma couraça da justiça.

Sabeis o que acontece em geral às normas do direito humano. Elas estão submetidas à dialética. Elas mudam assim como o dia e a noite, o calor e o frio, o bem e o mal. É um círculo que não tem fim. O que é justo para uma pessoa é negado com veemência por outra.

Somos arrastados nas correntes das coisas, no jogo dos contrastes, e nossa couraça, a terceira faculdade do esterno, bem o demonstra. Devemos retificar continuamente o estado de neutralidade presente em nós. Assim como certa vez uma personalidade bíblica perguntou: "Que é a verdade?", também podemos perguntar: "Que é a justiça?" Dirigimo-nos mutuamente estas perguntas e, tanto quanto possível, limitamo-nos ao indispensável, para explicar nossa presença voluntária nos serviços da Rosacruz. Nada podemos dizer sobre a justiça divina, a essência da justiça, tal como ela existe na Gnosis. Nunca compreenderemos uns aos outros e nunca teremos a mesma opinião.

Somente podemos aproximar-nos da verdadeira justiça divina através do processo, após longa e, algumas vezes, dura experiência. É possível, de certo modo, compreender filosoficamente a justiça divina. Podemos, por exemplo, falar sobre a direção que se deve buscar. Podemos dizer: "Essa justiça pede um comportamento bem definido, exige uma atitude absoluta". Um comportamento de vida puro é exigido de quem se propõe a trilhar a senda das rosas. Ora, se a pessoa em questão tivesse o conhecimento interior da justiça gnóstica, ela poderia viver esse comportamento, uma vez que esse conhecimento interior a colocaria em condição de forjar a couraça da inviolabilidade.

Todavia, por onde e com o que começar? O homem deve começar por destronar seus sentimentos de superioridade e despedir-se da ilusão de que sabe, de que vê tudo muito claro, de que age muito bem. Ele deve ter um conhecimento profundo do jogo dos contrários em si mesmo e experimentar plenamente a angústia decorrente desse conhecimento, a exemplo de Cristiano Rosacruz. Quando, dessa forma, ele destrona as certezas de seu eu e percebe que em seu ser tudo é incerteza, então — se ao menos o clamor do sangue o impulsiona para isso — não lhe resta outra coisa senão a fome e a sede intensas de justiça divina. Nesse momento ele começa a cingir-se com a verdade.

Admitamos, por ora, que vos tenhais cingido com a verdade. Sabereis, então, que a Gnosis e a senda são a única solução. A verdade da salvação reside em vosso sangue. Mas agora, ao lado da verdade, aparece a justiça. Perguntais de que maneira isso ocorre; quereis seguir o caminho mais alegre para a Gnosis.

Essa justiça não pode ser expressa, e, se pudesse, não seria compreendida, e, se fosse compreendida, não poderia ser aplicada, devido a mil e um obstáculos. Por isso, o anseio é a base inicial. Possuís a verdade, porém ela não é ainda uma realidade em vós. A prática da justiça, e, portanto, sua posse, transforma a verdade em realidade.

Começai, pois, a desejar esse estado, buscai-o com toda a vossa alma, e uma porta mágica se abrirá para vós. O Sermão da Montanha diz: "Buscai, em primeiro lugar, o reino de Deus e a sua justiça, e todas essas coisas vos serão acrescentadas" — tudo o que buscais. Pensai também na quarta bem-aventurança: "Bem-aventurados os que têm fome e sede de justiça, porque serão saciados".

Compreendei que não se trata aqui da justiça terrestre. Se é por ela que ansiais, tereis de esperar por muito tempo. A justiça terrestre é uma impossibilidade científica. Contudo, o tipo de anseio a que nos referimos, e que surge da certeza do sangue, o anseio por pura justiça divina que sintonizará vossa vida com o tom correto, dará origem à radiação do esterno que, por sua vez, invocará uma resposta que chegará a vós através do pólo magnético atrativo.

Após o anseio vem a saciação. A resposta se derrama em vosso sangue já preparado e sacia todo o vosso estado de alma. Somente então compreendereis, do imo, algo da justiça divina e podereis dar vosso primeiro passo conseqüente na senda para forjar a couraça. À medida que, de maneira espontânea – portanto, em vossa atitude de vida –, reagirdes a tudo o que obtiverdes mediante vosso anseio por justiça divina, sintonizareis o terceiro poder do esterno, o da neutralidade, inteiramente com o processo. Permanecereis neutros diante de todos os estados de ser da natureza dialética. Libertar-vos-eis deles interiormente. A natureza dialética já não será capaz de atingir-vos através do santuário do coração e de seu sistema magnético.

A faculdade de radiação do esterno se voltará para a Gnosis, a faculdade de assimilação receberá a bem-aventurança da Gnosis, e a faculdade de percepção neutra fechará a porta à natureza terrestre comum. O coração foi purificado, e a couraça da justiça, forjada.

7

Cosmologia · Antropologia · Evangelho

Nos capítulos precedentes, explicamos que o tríplice estado de ser original de nosso microcosmo desapareceu há milhões de anos. No início, havia uma entidade aural de posse da indizível sabedoria e do incomensurável júbilo do Reino Imutável. Esse ser aural se expressava em todo o sistema microcósmico por meio de uma unidade de princípios magnéticos. Todavia, essas luzes se apagaram, esses fogos escureceram, e uma rede aural de outros pontos magnéticos formou então outro ser aural adaptado à natureza da morte, que assimilou as experiências nela adquiridas num impulso de vida magnético, que ingressou no plexo sacro.

Além disso, havia uma segunda entidade que correspondia ao que denominamos "rosa-do-coração". Como sabemos, essa rosa não pertence à nossa personalidade, porém era o centro do microcosmo. Quando o firmamento do ser aural original extinguiu-se, esse centro foi também conduzido a um estado latente. Desde então falamos do "botão de rosa", que de novo deve abrir suas pétalas na luz divina.

No microcosmo original também havia uma terceira entidade, a saber, a personalidade original, imortal, que existia no campo de manifestação do microcosmo. Contudo, essa personalidade original foi destruída no início da queda do microcosmo. Ela se desintegrou em átomos e morreu desnecessariamente. A incontestável grandeza de nossa criação atual e o incomensurável amor em que ela está baseada manifestam-se no fato de que os microcosmos totalmente esvaziados foram postos em condição de recuperar, nesta "ordem", sua glória original.

A fim de alcançar esse objetivo, foi criada uma personalidade mortal que serviria como portador de imagem da personalidade original. Esse portador de imagem é chamado, mediante as forças submersas na rosa, a reconduzir seu microcosmo ao Reino Imutável, ao longo do caminho da transfiguração, e ganhar a eternidade.

Lembramo-vos outra vez do portador de imagem do terceiro ser-alma perdido. Sois formados de maneira precisa, com base na matéria desta ordem mundial, e podeis atuar no sistema microcósmico decaído, tornar-vos um com ele, levá-lo de volta à glória perdida e participar de modo eterno, isto é, imortal, dessa glória mediante a reconstrução da personalidade original.

É óbvio que o inteiro trabalho da Gnosis se baseia nessa possibilidade e tem início com esse ponto. Toda a filosofia e todos os métodos de trabalho da Fraternidade Gnóstica têm como ponto de partida a vossa presença na onimanifestação atual e a vossa vocação para servir.

Vós, como portadores de imagem de uma realidade perdida, encontrais, pelo vosso surgimento neste domínio de vida, tantas situações e relações problemáticas, tal como um número esmagador de influências que vos mantêm em grande parte perfeitamente em seu poder; há tanta malignidade visível e invisível em vosso domínio de vida e uma luta tão terrível deve ser travada para conseguirdes, em certa medida, seguir vossa vocação de portador de imagem, que sois enredados sem cessar num turbilhão selvagem de forças e antagonismos. Eis por que é preciso que fiqueis em condição de encontrar respostas para diversas questões de importância capital. Deveis, por exemplo, saber como vos tornastes o que sois e de que maneira o mal que vos estorva entrou no mundo.

Se conhecerdes a verdadeira origem e o desenvolvimento da raça humana atual, desde o início dos tempos até o presente, podereis ver os fatores circunstanciais e obstaculizadores sob uma luz correta, e em suas justas relações. Sobre essa base, ser-vos-á possível aceitar a vocação inata ao ser humano e executá-la da maneira mais prática possível. Não basta dizer: "Como portador da imagem de Deus, sou o produto final de uma ordem de emergência, de um plano de emergência criado para reativar o desenvolvimento interrompido de uma entidade verdadeira, divina". Esta é uma definição correta do estado atual, porém uma base totalmente insatisfatória com a qual se possa "fazer algo".

Imaginai que sois colocados num meio inteiramente estranho, sem possibilidade de vos orientar, e recebeis a tarefa: "Retornai com vosso microcosmo à casa do Pai!" Essa é a situação aproximada da maioria das pessoas. Talvez fosse possível encontrar uma solução, se cada mortal estivesse completamente só. Porém, conosco encontram-se algumas centenas de milhões de outras criaturas na mesmíssima situação.

E aí começa a miséria. Todas essas pessoas, com o princípio original de sua vocação sepultado no mais profundo de seu ser e encontrando-se num meio completamente estranho, põem-se a buscar em todas as direções. Os que encontram a direção certa transfiguram-se, desaparecem. Esse é o problema. E todos os outros gritam uns para os outros. Eles apontam para todos os cantos e desenvolvem uma ilusão que os prende todos, como numa atmosfera de quilômetros de espessura.

E eis que um recém-chegado aparece em cena. Ele também possui o princípio original da vocação mergulhado no fundo de seu ser. Então, ele é bombardeado com uma multiplicidade de idéias que lhe indicam quase todas as direções da bússola. Que deveria fazer esse infeliz? Existem, graças a Deus, numerosos marcos indicadores de boa fé, dádivas da Gnosis, que podemos seguir com confiança, mas há também os especulativos, nos quais não se pode confiar. Em verdade, a cena descrita por Johann Valentin Andreæ em seu livro *As núpcias químicas,* a imagem da multidão que se agita e se debate no fundo do poço, é absolutamente correta.

Portanto, se uma filosofia de salvação pretende ser completa e deseja cumprir de fato sua finalidade, ela é obrigada a sustentar sua senda de salvação e libertação com uma cosmologia e uma antropologia, e sobre elas fundamentar esse caminho. Uma filosofia tríplice pode oferecer uma visão clara aos homens que tropeçam a cada passo em amargas experiências sem poder ir mais longe.

Os três elementos dessa filosofia também podem ser indicados como: cosmologia, antropologia e evangelho. Um buscador, cansado de procurar, acabará por reconhecer como verdadeiros numerosos fatos resultantes de sua própria experiência, que ele encontra descritos no terceiro aspecto filosófico. Ele confiará nos marcos ali presentes e aceitará a senda quíntupla de salvação como a que ele deve seguir. Devido a seu estado de natureza e ao estado de seu meio natural, ele encontrará inúmeros obstáculos nessa senda. Somente então compreenderá o grande valor dos dois outros aspectos da filosofia.

Se ainda não trilhais a senda, a cosmologia e a antropologia terão apenas um valor teórico para vós; quando, porém, estiverdes a caminho, estes dois aspectos vos capacitarão a reconhecer e a resolver todos os problemas que surgirem em vossa senda. Por conseguinte, primeiro vem o anúncio da salvação, o evangelho, a filosofia da salvação. A seguir, vêm então os dois outros aspectos da filosofia, que servem de apoio prático ao primeiro. O mesmo método é encontrado em todas as fraternidades transfigurísticas que o mundo conheceu.

Na vida de Jesus, o Senhor, descobrimos idêntico modo de ação. Ele revelou à multidão um evangelho de salvação, porém aos seus discípulos, ou seja, aos que desejavam concretizar a salvação, ele propiciou o conhecimento dos mistérios e de tudo o que lhes era indispensável em seu estágio de desenvolvimento.

Portanto, deveis ver todas as nossas dissertações sobre o mistério da vida e da morte como um elemento indispensável em vossa marcha para o novo campo de vida.

8

Um novo campo magnético

Retomamos a nossa exposição enfocando o momento em que incontáveis microcosmos esvaziados foram precipitados no caos, o abismo do espaço. Gostaríamos de lembrar-vos que se um microcosmo deseja novamente irradiar, manifestar vida, ele deve possuir três núcleos: um núcleo no ser aural, outro na rosa-do-coração, o centro absoluto do microcosmo, e um terceiro, girando ao redor do precedente, no interior do campo de manifestação do microcosmo. Este último núcleo origina o desenvolvimento do estado da personalidade, isto é, da manifestação da totalidade microcósmica.

Entretanto, um microcosmo não existe por si mesmo, não é autônomo, mas pertence a um enorme agrupamento de microcosmos, a uma grandiosa unidade universal.

Eis o motivo por que cada atividade, cada manifestação de *um* microcosmo, deve subordinar-se a essa unidade universal. Portanto, sua atividade deve ser centrífuga. Essa submersão servidora na unidade universal, esse "não-ser", torna-se a base do verdadeiro "ser".

Se a atividade de um microcosmo se tornar centrípeta, ocorrerá uma catástrofe: o contato com a unidade universal se romperá, e o átomo será fissionado pelo calor. A manifestação microcósmica se perderá, o terceiro princípio nuclear será expulso e se desintegrará em partículas de energia. O microcosmo se tornará um átomo de natureza totalmente distinta e, a seguir, se encontrará no caos, com os microcosmos da mesma espécie.

Após esse esboço do que foi explanado nos capítulos precedentes, podemos dizer que o microcosmo é nascido de Deus, quer dizer, que um dia ele foi emanado do Logos para determinada finalidade, portanto, é imortal. O terceiro núcleo original procede desse microcosmo nascido de Deus e, por isso, participa da glória do estado divino do microcosmo.

Para maior facilidade, designamos o microcosmo nascido de Deus pela palavra "espírito", o princípio pneumático de onde emana a manifestação microcósmica. Podemos igualmente denominá-lo alma-espírito. Designamos a rosa-do-coração como alma, o centro microcósmico ou alma nuclear. O terceiro princípio no campo de manifestação do microcosmo, onde a alma-espírito e a alma nuclear podem unir-se e manifestar-se, podemos chamá-lo corpo ou alma pessoal.

Essas três almas devem comportar-se de acordo com uma lei. Quando a regularidade dessa lei é perturbada, a manifestação é destruída. O produto se perde ou se transforma, e o sistema é danificado pela violência resultante da fissão atômica. Mas, se podemos falar de fissão atômica, também podemos falar de restauração atômica. O caminho da salvação não visa a outra coisa senão o retorno dos microcosmos esvaziados ao seu estado original.

Isso é algo extremamente complicado. *Um* microcosmo isolado nada pode iniciar por si mesmo, visto que, como acabamos de dizer, cada microcosmo faz parte de uma unidade universal, de uma universalidade. Por isso é imprescindível que muitas entidades decaídas, com muitos portadores de imagem, se unam. Uma vez alcançado o número suficiente, eles poderão, de baixo para cima, formar *um* sistema, *um* corpo magnético, *um* novo cosmo magnético, que poderá servir de campo de desenvolvimento.

Por conseguinte, é preciso que exista uma unidade de grupo claramente consciente, positivamente aceita, desejada de todo o coração e aplicada de modo concreto, uma união de portadores de imagem que conheçam e compreendam o plano. Seria pura ilusão, uma tentativa desesperada e inútil, supor ser possível seguir a senda de forma isolada. É de máxima importância que compreendais de modo claro o fundamento científico dessas coisas.

Existe certo número de portadores de imagem que possuem discernimento. Todos eles desejam trilhar a senda. Todos influenciam seu microcosmo nesse sentido. Desse modo, formam uma coletividade de microcosmos. Todos estão sobrecarregados com manchas do passado. Portanto, há fortes oposições a vencer. Assim, é imprescindível que haja grande compreensão e intenso desejo de salvação. E o número dos que querem seguir a senda deve ser forte o suficiente, isto é, "completo", a fim de desenvolver a força necessária. Deve haver junção de força espiritual, portanto de força microcósmica aural pura, para que eles sejam inflamados pelo espírito de Deus, como prova de que sua coletividade, seu chamado, efetuou a ligação com o campo espiritual original. Deve haver, ainda, suficiente força nuclear exalando a pura fragrância da rosa para que eles possam aniquilar-se em Jesus, o Senhor, e, por conseguinte, celebrar as núpcias alquímicas. E deve haver força de personalidade, ou seja, os portadores de imagem, que juntos formam a nova coletividade, devem possuir purificação e orientação suficientes para poder executar o trabalho de franco-maçonaria.

Logo que essas condições estejam presentes, indubitavelmente, e não pode ser de outro modo, desenvolve-se um campo magnético. Esse campo magnético, essa esfera, é para esse grupo uma "nova terra", na qual se manifestam um novo campo material e um novo céu que o alimenta. No interior dessa esfera magnética um processo de desenvolvimento completamente novo e diferente ocorrerá. A nova terra e o novo céu descem para o grupo e o acolhem, e tudo o que é velho desaparece. Quem o compreende e vive disso experimenta as palavras proféticas do Apocalipse: "Vi então um novo céu e uma nova terra. Porque já o primeiro céu e a primeira terra passaram".

O novo campo magnético acolheu o grupo definitivamente. Então, o fogo poderoso nele contido se inflamará. Em seu calor, a radiação fundamental dividir-se-á, e todos os valores e forças assim liberados realizarão o novo homem, que um dia foi o homem original.

9

A Mãe do Mundo e os Elohim

Se quiserdes refletir sobre o enorme problema antropológico e cosmológico de como nos tornamos portadores de imagem de Deus, precisareis começar por distinguir de modo claro entre espírito e manifestações de vida, embora exista uma relação entre ambos.

Pode-se dizer que a vida é gerada e mantida pelo espírito. Contudo, a vida não é, de modo algum, uma vida espiritual em sentido literal. Um ser-alma não pode conceber o que o espírito contém e o que ele é. O "ser" espiritual é algo totalmente diferente e oposto à mais elevada forma de vida que o ser humano possa conceber.

Na filosofia da Rosacruz é dito que um microcosmo decaído, após ter realizado sua peregrinação, volta, por meio da transfiguração, ao reino do espírito. Se interpretásseis esse modo de falar literalmente, cometeríeis um grave erro. Essas palavras apenas expressam a idéia de que há uma manifestação de vida que está em harmonia com as normas mais elevadas do espírito.

O reino espiritual é um reino cuja vida existe em plena harmonia com o espírito. Jamais houve no passado, não há no presente nem haverá no futuro uma filosofia e uma revelação de salvação que possa proporcionar algum conhecimento do espírito ao ser humano. Podemos tão-somente indicar e saber que a essência do espírito é! Percebemos o seu toque. Vivemos dele de várias maneiras. Porém, *sê-lo* é impossível. É preciso que releguemos ao reino das impossibilidades a idéia de que possuiríamos um espírito.

Essa fábula surgiu no mundo porque, na qualidade de portador de imagem, o ser humano possui uma faculdade racional e a considera passível de constante ampliação. A faculdade cognitiva é indizivelmente grande, e é com base nela que também sois capazes de compreender o assunto de que ora tratamos.

Não penseis, porém, que, fazendo isso, chegareis a sondar com vosso intelecto as profundezas de Deus. O espírito pode, entretanto, levar-vos a compreender, com vossas faculdades, alguma coisa do grande mistério da vida. Semelhante compreensão é um empreendimento extremamente difícil. Eis por que preferimos o método mais simples para alcançar esse objetivo, um método que de modo algum está acima ou além de vosso poder de imaginação.

Imaginai-vos, portanto, num espaço universal, incomensurável, aparentemente ilimitado. Se, à noite, contemplais as estrelas e se ledes sobre observações astronômicas que são expressas em anos-luz, tereis uma concepção do espaço universal. Agora, imaginai esse espaço como um vazio, sem estrelas, sem sóis, sem planetas. Tereis, então, uma representação de como é o caos, o espaço vazio em repouso.

Esse vácuo, entretanto, é apenas aparente, pois não pode haver algo realmente vazio. "Não há espaço vazio", dizem os rosacruzes. No espaço há substância primordial; todo o espaço consiste em substância primordial. E toda a onimanifestação nesse espaço procede dessa substância primordial e é sustentada por ela.

Por conseguinte, substância primordial não é matéria morta; pelo contrário, ela contém todas as forças conhecidas, e ainda outras que não conhecemos. De fato, ela contém as sementes de tudo o que chamamos "vida". A substância primordial é a mãe de tudo, a *mater* ou *matriz* do mineral, do vegetal, do animal e do homem. Com base nessa Mãe, assim devemos concluir, toda a vida se explica. O fato de adorar e venerar essa Mãe do Mundo, essa Matriz Universal, é perfeita e cientificamente explicável e aceitável.

Entretanto, essa adoração, essa veneração, não deixa de ter seus inconvenientes. Se toda a vida é uma manifestação da Mãe Universal, da substância primordial, se vivemos e nos movemos com base nessa Mãe, então isso implica ao mesmo tempo uma limitação, certa medida de confinamento, determinada qualidade. Por isso, através dos séculos, com base no conhecimento da Mãe Universal, foi cultivada e mantida intensa magia. Pensai na tão conhecida adoração a Maria. Com sua adoração e veneração à Virgem Maria, cujo ritmo corresponde a determinadas leis vibratórias, uma multidão de vários milhões de crentes, reunidos de todas as maneiras numa unidade de grupo dialética, libera substância primordial no corpo magnético desse grupo. Está claro que, desse modo, se cria certo estado de personalidade, conforme as intenções dos guias desses crentes. Utiliza-se aqui uma ciência cujo conhecimento é ocultado às massas. Compreendereis que a aplicação de conhecimentos sobre outras pessoas que não os possuem pode facilmente degenerar em abuso. Às vezes a distância entre uso e abuso é mínima.

É impossível seguir a senda da Rosacruz sem invocar e liberar, de certa maneira, as forças da Mãe Primordial. Aquilo que, por um lado, pode degenerar em perigosa sandice mística, em magia extremamente duvidosa, deve tornar-se uma ciência exata, elevada, muito santa e inestimável para os que tencionam seguir o caminho da Rosacruz de modo sério.

Quando adentrais as grutas sagradas francesas, onde se refugiaram os últimos irmãos e irmãs cátaros,* que perseveraram até o fim na prática de seus ritos e serviços, e contemplais nas paredes os sinais de sua profunda sabedoria, descobris, ao mesmo tempo, em que se centravam esses ritos. Vereis, naquelas pedras, o símbolo do verdadeiro cristianismo gnóstico: a cruz encimada por um *M,* o símbolo da Mãe do Mundo, a Matriz.

Isso nada tinha a ver com a popular adoração à Virgem Maria e seus efeitos mágicos. As fraternidades transfigurísticas de todos os tempos permaneciam autônomas, numa nova unidade de grupo formada coletivamente, num corpo magnético próprio. Como tal, por meio de seus ritos e serviços, elas liberavam da substância primordial as forças necessárias à realização de sua via-crúcis. Assim, novas propriedades eram concedidas a seus corpos, enquanto outras eram eliminadas quando, pela aplicação das leis da santa libertação, compeliam a substância primordial a servi-los, como que numa reação em cadeia. A aplicação dessas leis proporciona aos que delas se servem um poder, uma majestade e uma magnificência sem limites.

Agora compreendereis melhor a alegoria evangélica, desfigurada com tanta freqüência e empregada de forma criminosa, segundo a qual o homem-Jesus nasceu de Maria. Esse relato refere-se ao novo homem, à nova raça que deve surgir da matéria primordial, uma raça capaz de conduzir os microcosmos decaídos de volta ao Reino Imutável.

Imaginai novamente o espaço vazio, o caos em repouso que, como entidade, como Matriz, possui tantas faculdades inefáveis. Esse caos é circundado e interpenetrado pelo campo do Espírito Universal. Compreendei-o como simples indicação e não como explicação, pois é impossível explicar essas coisas. Apenas podemos verificar sua presença.

Fora da substância primordial – a Matriz – está o Espírito, impulsionando. Graças ao seu poder de interpenetração, à sua onipresença, o Espírito está muito próximo de nós, sim, mais próximo do que mãos e pés. Entretanto, em relação a nós, ele permanece transcendente. No princípio, doze correntes de substância primordial foram despertadas no caos pelas atividades do Espírito. Poder-se-ia também falar de doze forças ígneas, doze explosões, doze éons, doze grandes poderes, doze enormes reações em cadeia, que apareceram no espaço vazio. Pensai, com relação a isso, nos antigos relatos da mãe e seus doze filhos. Por conseguinte, esses doze éons eram uma clara atividade da Matriz, correntes de substância primordial, e elas foram utilizadas para despertar "o espaço em repouso", com sua incomensurável vida em potencial.

Os doze éons não eram todos da mesma natureza. Pelo contrário, embora formassem uma unidade e colaborassem entre si, eram muito diferentes. Eles despertaram doze fenômenos na Mãe Universal:

1. o fenômeno que chamaremos *consciência;*
2. o fenômeno *vontade;*
3. o fenômeno *colaboração;*
4. o fenômeno *devoção ao meio;*
5. o fenômeno *devoção ao semelhante;*
6. o fenômeno *conservação em sentido geral;*
7. o fenômeno *coordenação e conservação do todo;*
8. o fenômeno *crescimento e morte;*
9. o fenômeno *aspiração;*
10. o fenômeno *manifestação coletiva;*
11. o fenômeno *disposição coletiva;*
12. o fenômeno *prontidão coletiva para o auto-sacrifício.*

O plano de emergência era que, pela cooperação dessas doze correntes, um dia surgisse um ser vivente em quem todos esses doze fenômenos existissem em harmonia. Esse portador de imagem assim constituído poderia fazer regressar o microcosmo vazio à casa paterna.

Vereis de modo claro que, quando doze forças naturais são inflamadas num espaço vazio, correspondendo cada uma a determinado princípio animador de vida, muito ainda deverá ser feito antes que a idéia que está na base de tudo alcance, por colaboração, resultados concretos.

Portanto, tentai ainda imaginar que, com o despertar dos doze éons na substância primordial, uma prodigiosa hierarquia de seres sublimes ingressou no espaço do caos, a fim de servir à manifestação universal empreendida. Na linguagem sagrada, esses seres são denominados Elohim. Essa hierarquia preencheu o caos, reagindo às doze correntes dos éons.

Da colaboração entre os Elohim e as forças dos éons surgiu o que chamamos Universo dialético, esses grandiosos sistemas estelares e solares, a imensa natureza da morte. Os Elohim não tinham a intenção de criar um universo eterno, mas um universo finito, ora em expansão, ora em contração, sempre a serviço do grande objetivo, o qual agora sabeis.

Portanto, os Elohim atuaram como espíritos planetários, como animadores dos sistemas estelares. Em colaboração com as forças dos éons, levaram à manifestação, no caos, formações esféricas, sistemas esféricos e concentrações de substância primordial. Por conseguinte, o que denominamos Terra é também a expressão de um dos sublimes Elohim. Quando, pois, no livro de Gênesis, lemos a história da criação, segundo a visão mosaica, compreendemos por que, após cada fase de manifestação, é dito: "E os Elohim viram que era bom".

Por conseguinte, em nosso estudo cosmológico e antropológico, temos de contar com o espírito transcendente — a Matriz da Natureza e seus doze éons — e com os Elohim. Também conhecemos os Elohim como o Espírito Santo, isto é: o que dá a possibilidade, o espírito curador da onimanifestação na natureza da morte.

Os Elohim criaram os campos de vida, os campos de desenvolvimento. Eles mantiveram e vivificaram até nossos dias todos esses incontáveis campos. Eles criaram dos éons naturais, de maneira muito progressiva, todos os seres vivos, até que, por fim, foi despertada, no transcurso dos tempos, a criatura que coroou a obra: o portador de imagem, o Homem.

E os Elohim viram que era bom. E em cada esfera na manifestação universal foi cantado um hino:

Ide e multiplicai-vos e enchei toda a terra —
pois a hora da realização chegou —
a hora em que os homens podem tornar-se
iguais aos deuses, se cumprirem sua vocação.

10

A nova consciência

Como sabeis, a humanidade vive num estado de consciência denominado consciência-eu. Esse estado de consciência egocêntrica é o nosso estado de vida. Eis por que dizemos: "Estado de consciência é estado de vida".

É importante definir de maneira mais precisa os termos "consciência"* e "vida". Denominamos "consciência" o princípio vital, com sua natureza, seu valor e suas limitações. Denominamos "vida" a forma de vida, com sua natureza, seu valor e suas limitações. A forma de vida é sempre explicada pelo princípio vital. Eis por que "estado de consciência é estado de vida".

Tanto a consciência de um ser como sua forma explicam-se pelas atividades de radiações magnéticas e são o resultado dessas radiações magnéticas. Distinguimos:

1. uma radiação fundamental;
2. uma radiação sideral;
3. quatro radiações etéricas.

Como resultado dessas radiações surgem diversos processos biológicos no interior do campo de manifestação do microcosmo ou mônada. Ora, quando falamos de microcosmo, devemos igualmente falar de macrocosmo. Portanto, temos de levar em conta todos os processos vitais num contexto sempre mais amplo. Para não nos estendermos demasiado neste capítulo, limitar-nos-emos aos processos vitais dos microcosmos da humanidade dialética.

Houve um tempo no desenvolvimento da humanidade dialética — o tempo do início — em que o microcosmo pertencente a ela não carregava nenhuma espécie de estado de vida. Se procurássemos, dentro de seu campo de manifestação, uma forma biológica, veríamos que ele estava totalmente vazio. Entretanto, havia nesses microcosmos um processo biológico. Todas essas mônadas eram ligadas a um macrocosmo mediante uma radiação fundamental. Magneticamente agrupadas, elas existiam na esfera do que poderíamos chamar de planeta ou, pelo menos, de corpo celeste.

O processo biológico que se desenvolvia nessas mônadas, em torno delas e sobre elas, tinha por finalidade harmonizá-las perfeitamente com a natureza das esferas planetárias em questão.

Quando esse processo estava completo, um segundo processo teve início. As mônadas, ou microcosmos, foram influenciadas por uma força ideomotriz. A grande idéia, a intenção, o princípio básico do planeta, foi gravada nas mônadas ou microcosmos. Portanto, de início houve a harmonização das mônadas a determinada esfera de vida. Em seguida, veio a fixação da idéia, o plano dessa esfera de vida.

Esses dois aspectos constituem os dois pólos da radiação fundamental. Na Doutrina Universal, os processos de que acabamos de falar foram denominados de estados mineral e vegetal da humanidade.

Uma força de ideação gera tensão, calor. Portanto, podemos imaginar como as mônadas, confinadas em sua esfera planetária, experimentaram os efeitos desse calor. Um processo claramente biológico. Esse aquecimento no interior do campo de desenvolvimento das mônadas deu origem a uma força, a um estado comparável a um turbilhão de forças. Esse estado correspondia a uma segunda radiação cósmica, a radiação sideral.

No terceiro processo, a idéia liberou nas mônadas o que denominamos desejo. A idéia encerrava, naturalmente, vida em si mesma (manifestação). Mediante o processo de aquecimento engendrado pela idéia, o desejo por essa vida despertou. O desejo também engendra calor, um calor mais intenso, mais poderoso e mais devorador que o calor da idéia.

Esse terceiro processo é indicado na Doutrina Universal como o estado animal do desenvolvimento da humanidade, ou Período Lunar. Porém, nessa ocasião não havia ainda nenhuma forma de vida tal como entendemos hoje.

O calor engendrado pelo desejo pela vida fez a força sideral operante no planeta dividir-se em quatro aspectos, em quatro radiações etéricas. Logicamente, a interação entre as mônadas e seu planeta era de igual importância para ambos. Por isso pode-se dizer que as mônadas criam e sustentam seu planeta.

A liberação dos éteres marcou o começo da manifestação da forma: o Período Terrestre teve início. Antes dessa época, tratava-se apenas de uma manifestação de força. A radiação fundamental originou a atração (a ligação planetária) ao macrocosmo. Em seguida, trouxe a idéia. Em conseqüência, a radiação sideral engendrou o desejo de realização da idéia.

Graças às quatro radiações etéricas, a idéia pôde realizar-se no curso de quatro grandes períodos.

Inicialmente, o éter mais denso e lento tornou-se ativo, e, graças a ele, apareceram formas pesadas e monstruosas compostas de substância etérica. Todavia, não se podia ainda dizer que fossem formas de vida. Eram poderosas e grosseiras reações à atividade do primeiro pólo da radiação fundamental. Com freqüência eram o resultado da participação não de apenas uma mônada, porém de muitas, numa espécie de unidade de grupo.

Essas tentativas, por sua vez, ocasionaram o desenvolvimento de um calor mais intenso e de vibrações mais rápidas. Então, a segunda força etérica entrou em atividade. Apareceram novas formas etéricas, que tentaram reagir à corrente de ideação da radiação fundamental. Tentou-se, por conseguinte, criar e modelar a forma de acordo com a idéia planetária. As formas, então, tomaram um aspecto mais humano, segundo o conceito que temos hoje dessa idéia.

Devido ao calor e à elevação do nível vibratório obtido nessas tentativas, o terceiro éter pôde tornar-se ativo. Não se pode descrever o espantoso horror que então nasceu, se examinarmos esse período com base em nossa sensibilidade atual. O que acontecia era apenas a conseqüente continuação de um processo de desenvolvimento biológico em forma etérica. No período que tentamos descrever-vos, a vida em desenvolvimento manifestou os desejos. Porém, estes eram tão gigantescos, amplos e massivos, que podiam ser considerados como ilimitados. Ilimitados no sentido de que essa manifestação se relacionava, por sua vez, ao estado planetário e suas correntes.

As formas modeladas, porém inertes, do período precedente adquiriram vida, no sentido de desejos cegos. Atiravam-se umas contra as outras em abraços monstruosos, entredevoravam-se, trucidavam-se e agrediam-se mutuamente, impelidas por instintos vitais cegos.

Simultaneamente, desenvolveu-se o medo, um medo tão terrível e tão desmedido que a atividade inconsciente do plexo sacro até hoje conserva seus vestígios. Esse medo despertou sentimentos individuais, e assim surgiu a individualização. A vida, então, aparecia e desaparecia em turbilhão selvagem, e os contrastes surgiram.

O calor se tornou tão intenso que gerou a luz. O horror tornou-se materialmente visível, e surgiram formas cada vez mais densas. Com base nesse horror, o quarto éter foi liberado, o éter refletor, em conseqüência do que o animal homem pôde tornar-se um ser pensante, um indivíduo. Depois de um tempo indizivelmente longo, no curso de inúmeras etapas do desenvolvimento biológico, o homem afinal se mostrou capaz de assimilar a idéia através do pensamento, capaz de amar essa idéia e, mediante a vontade, concretizá-la em ações. Foi assim que nasceram, no campo de manifestação das mônadas, um estado de consciência e um estado de vida.

Na forma vivente mais refinada havia um centro, no qual as seis radiações supramencionadas formavam um foco. A esse centro denominamos "alma". Contudo, compreendereis que esse centro já existia, efetivamente, quando o primeiro desenvolvimento biológico teve início. Um foco, um ponto de partida, uma base, deve existir necessariamente antes que o próprio desenvolvimento possa começar. Todavia, quando o homem apareceu em sentido completo, de modo que a mônada podia expressar-se nele e através dele, transformando-o num ser consciente moral e racional, teria sido atingido o objetivo final do desenvolvimento biológico?

O homem havia adquirido uma "consciência-eu". Ele se tornara o portador de imagem de uma idéia, de uma idéia cósmica, com o auxílio da qual podia atuar de maneira auto-realizadora. A partir desse momento, a criação humana no sentido terrestre estava completa. E a linguagem sagrada, de pleno direito, assim pôde expressar-se: "E Deus, os Elohim, viu que era bom".

A partir desse momento, o homem deveria elevar-se, com base na "consciência-eu", a um bem superior, a um desenvolvimento ulterior, que permitiria às mônadas celebrar seu retorno definitivo ao estado original.

Porém, nesses tempos remotos, uma grande parte da humanidade não o fez. E essa é a tragédia da humanidade atual: ela abandonou a idéia original, a força de ideação primordial da ordem de emergência.

Entretanto, certamente *nós* não fazemos a menor idéia do que isso significa! Contudo, deveis compreender que quando participais de um processo de gênese que se desenvolve em várias etapas e, em dado momento, obtendes uma capacidade que empregais para perturbar e bloquear esse processo de gênese, é evidente que a idéia vos abandonará! A desarmonia nasce no macrocosmo, não apenas com relação a vós, mas também com relação à radiação cósmica. É isso o que entendemos por "Queda".

Nossos antepassados, que se haviam tornado "homens" no sentido pleno da palavra, homens tais que "os Elohim viram que era bom", abusaram de suas capacidades e, assim, perturbaram o processo biológico de gênese da santa ordem de emergência. Como conseqüência, todos os seus descendentes se desnaturaram e vagueiam com o legado de uma pesada carga monádica cármica em sua consciência-eu.

Eles tentam cultivar essa consciência-eu, a fim de elevá-la a um estado superior. Todavia, isso é impossível, porque a consciência-eu não era visada como o coroamento do processo original de gênese, mas apenas como uma fase. Quem se agarrar à consciência-eu experimentará que ela se curva, retornando ao passado.

Por conseguinte, renunciar à consciência-eu não significa adotar certa atitude cultural, ser amável, modesto e silencioso. Não, essa renúncia significa uma mudança fundamental: em primeiro lugar, captar de novo a radiação fundamental pura original; em segundo lugar, elevar-se a um estado de consciência que está muito acima de todos os demais estados de consciência-eu: a consciência-alma.

Guiar-vos a esse estado-alma é o objetivo a que se propõe a Escola Espiritual da Rosacruz Áurea.

Biografia do autor

Jan van Rijckenborgh, pseudônimo de Jan Leene, foi um rosacruz moderno e um gnóstico hermético — duas qualificações que marcaram toda sua vida.

Ele nasceu em Haarlem, na Holanda, em 1896, numa família de orientação cristã. Ainda jovem, aprofundou-se em questões religiosas e principalmente na aplicação consciensiosa destas na vida cotidiana. Devido a isso, afastou-se do cristianismo superficial bem como da mentalidade teológica sem nenhuma profundidade. Seu grande senso de justiça levou-o a ligar-se ao movimento trabalhista que já tomava fortes contornos em sua juventude. Esse foi um período bastante agitado no qual o professor dr. A.H. de Hartog (1869-1938) atraía multidões à igreja com sua *Teologia Realista.* Jan Leene era um de seus ouvintes. Com de Hartog ele aprendeu o profundo significado das palavras da Epístola aos Romanos, onde é dito que *a nova vida é o verdadeiro sacrifício.*

Jan Leene e seu irmão Zwier Willem Leene, ambos ardorosos buscadores, foram aos poucos se conscientizando da direção que deviam tomar a fim de poder aplacar sua fome da única realidade. Em 24 de agosto de 1924 eles lançaram a primeira e ainda modesta base para a construção do verdadeiro Lar da Libertação para a nova era: o *Lar Sancti Spiritus.* Durante essa primeira fase construíram a Escola de Mistérios da Rosacruz, inspirados pelos Manifestos dos rosacruzes da Idade Média. A fim de ter acesso aos textos originais, Jan Leene visitou a *British Library* em Londres. *Esses documentos encontram-se provavelmente há duzentos anos nas estantes desta biblioteca sem que ninguém sequer tenha olhado para eles!* Em janeiro de 1937 apareceram suas traduções em holandês dos Manifestos: a *Fama Fraternitatis R.C.*, a *Confessio Fraternitatis R.C.* e *As núpcias químicas de Cristiano Rosacruz Anno 1459*, num único volume, com o título: *O testamento espiritual da Ordem da Rosa-Cruz.*

Ele queria, assim, tornar conhecidos a essência e o chamado da Escola de Mistérios do Ocidente, conforme é dito no frontispício da primeira edição. O objetivo era a reforma geral, o deslocamento da ênfase da vida para o desenvolvimento da alma, de maneira que pelo renascimento ela se preparasse para encontrar o espírito de Deus.

Para elucidar o ideal rosacruz o mais amplamente possível, ele serviu-se dos escritos do "filósofo teutônico" Jacob Boehme, do sábio chinês Lao Tsé e do poeta silesiano Johannes Scheffler (1624–1677), que passou a ser conhecido como Ângelo Silésio. Principalmente alguns versos deste último, também citados com freqüência pelo professor de Hartog, formaram a base para o desenvolvimento de um ensinamento gnóstico-transfigurístico inteiramente novo para a era atual. Antes da Segunda Guerra Mundial, Jan Leene continuou a publicar ainda com o pseudônimo *John Twine*. Mais tarde, escolheu o pseudônimo *Jan van Rijckenborgh*, como símbolo da riqueza gnóstica que lhe era permitido transmitir a seus alunos e ouvintes interessados.

Em todas as suas obras ele fez uma ligação com aspectos gnósticos na literatura mundial, mostrando desse modo muitos pontos em comum no hermetismo, na Bíblia e, principalmente, nos Manifestos rosacruzes da Idade Média. Além disso, ele elucidou os insights e pensamentos de Paracelso, Comênio e Fludd. Embora rejeitasse o Cristo histórico das igrejas, sua escola era e é puramente cristocêntrica, ou seja: totalmente baseada na força universal de Cristo e em sua atividade onipenetrante.

A obra de J. van Rijckenborgh consiste em milhares de alocuções nas quais a doutrina gnóstica de libertação é o ponto central.

Em 1935/36 ele publicava o semanário *Aquarius*, no qual punha abaixo muitos "valores sagrados" e descrevia os acontecimentos vindouros. Através do mensário *Het Rozekruis* ele fez soar a voz da Escola em desenvolvimento. A cruz foi plantada no mundo. No "mensário esotérico" *De Hoeksteen* ele explicou a base sobre a qual o trabalho de renovação do espírito, da alma e do corpo devia ser realizado. Após sua morte, em 1968, o mensário *De Topsteen* (1969–1978) anunciava o período da colheita. Muitas de suas explanações e alocuções encontram-se registradas na forma de quarenta livros de sua autoria. Estes livros são publicados pela Rozekruis Pers em Haarlem; muitos deles já se encontram disponíveis em dezessete idiomas.

A Escola de Mistérios da Rosacruz desenvolveu-se, transformando-se na Escola Espiritual Internacional da Rosacruz Áurea, que atua em todo o mundo ocidental, possuindo no momento 175 instituições em 36 países.

J. van Rijckenborgh, que sempre considerava o futuro com justificado otimismo, disse em 1968, no final de sua existência: *Espero que minha vida possa ter acrescentado um pequeno golpe de martelo na eternidade.*

Glossário

Para que o leitor tenha uma melhor compreensão da terminologia que a Escola Espiritual da Rosacruz Áurea emprega, figuram neste glossário as palavras que no texto foram acompanhadas de um asterisco (*). O número entre colchetes corresponde à página onde o termo foi mencionado pela primeira vez.

Alma: Deve ser compreendida, neste livro, como intermediária entre o espírito e a matéria, portanto como a luz e o sangue, os quais ligam o primeiro aspecto da tríplice manifestação humana ao seu terceiro aspecto. A alma da tríplice manifestação dialética é natural e necessariamente mortal. Eis a razão pela qual Cristo é denominado o Salvador das Almas, visto que sem uma alma intermediária absolutamente pura não é possível uma vida mais elevada. [11]

Atar a rosa à cruz: Fase do discipulado em que o aluno, orientado por um entendimento claro e um autêntico desejo de salvação, leva o homem-eu, o seu ser nascido na matéria, a declinar num "morrer diário" para que o verdadeiro homem-Deus, o homem-Pimandro, possa ressuscitar. [27]

Campo de manifestação: O campo de manifestação, também chamado de campo de respiração, esfera aural, ou corpo de desejo, é o campo de força onde emerge a manifestação tríplice dialética do homem. Esse campo de força é luminoso e vibrante e possui uma estrutura individual de linhas e centros de força com um movimento dinâmico. Dependendo do estado do campo de respiração (qualidade — vibração — força) todas as forças e substâncias que nele ingressam, provenientes do exterior, são aceitas ou repelidas, retardadas ou intensificadas em sua atividade, admitidas no sistema ou rejeitadas por ele. O campo de manifestação faz parte do sistema tríplice dialético do homem: é uno com ele, na sua essência. [19]

Cátaros: (do gr. *katharos:* puros) Movimento iniciático cristão que se desenvolveu na Europa entre os séculos XI e XIV, sobretudo no Sul da França, na região montanhosa dos Pirineus, conhecida como Sabartez, ou Languedoc. Ali, ao redor de Sabart-Tarascon e das aldeias vizinhas de Ussat-Ornolac, nas muitas grutas existentes desde a pré-história e transformadas em santuários naturais, se constituiu o lugar de longa, severa e dura iniciação dos cátaros. Eles, a exemplo dos essênios e dos primeiros cristãos, levavam uma vida ascética de alta espiritualidade, vivenciando um cristianismo puro na prática, numa total auto-renúncia a tudo o que era deste mundo. Não possuíam bens nem dinheiro, dedicando-se inteiramente à comunidade, pregando o Evangelho e curando os enfermos, pois também eram terapeutas. Contudo, foram acusados de heresia pelo Papa Inocêncio III, que enviou a histórica Cruzada contra os albigenses, em 1209. Durante o tempo que ela durou, numa seqüência trágica de mortes e torturas, cidades inteiras da região e os castelos de quem os defendia foram saqueados, com as populações, incluindo mulheres e crianças, sendo passados a fio de espada.

Após a queda de Montségur em 16 de março de 1244, duzentos e cinco cátaros foram queimados vivos numa imensa fogueira. Os poucos remanescentes abrigaram-se, então, na grande gruta subterrânea de Lombrives, chamada a Catedral do Catarismo, onde mais tarde, em 1328, quinhentos e dez cátaros foram emparedados vivos, encerrando assim a epopéia medieval desse movimento mártir. Os cátaros eram também denominados "os puros, os perfeitos, os bons homens", porque, seguindo o caminho dos mistérios cristãos, haviam operado em seu ser a reformação, e assim, tal como verdadeiros discípulos de Cristo, a serviço do mundo e da humanidade, galgavam o "caminho das estrelas", o caminho da transformação (ou transfiguração, na linguagem da jovem Fraternidade gnóstica). Fazendo alusão a esse estado de puro, a Escola Espiritual fala de alma renascida, a alma-espírito que, por sua ligação restabelecida com o espírito, obteve outra vez a participação na sabedoria divina, a Gnosis. Maiores informações sobre a vida dos cátaros podem ser encontradas no livro *No caminho do Santo Graal*, de Antonin Gadal. [63]

Consciência: A consciência, ou consciência biológica, é o centro da consciência natural, comum, do tríplice sistema dialético do homem, delimitado pelo campo de manifestação. É preciso, porém, não confundir a consciência-eu biológica com o aspecto espiritual superior humano, embora este esteja sujeitado pela primeira. [69]

Dialética: Nosso atual campo de vida onde tudo se manifesta em pares de opostos. Dia e noite, luz e trevas, alegria e tristeza, juventude e velhice, bem e mal, vida e morte, etc., são binômios inseparáveis. Um sucede o outro de maneira inevitável e, assim, um comprova o outro. Em virtude dessa lei fundamental, tudo o que existe nesta ordem de natureza está sujeito a contínua mudança e desintegração, ao surgir, brilhar e fenecer. Por isso, nosso campo de existência é um domínio do fim, da dor, da angústia, da desintegração, da destruição, da doença e da morte. Por outro lado, de um ponto de vista superior, a lei da dialética é, ao mesmo tempo, a lei da graça divina. Mediante destruição e renovação constantes, essa lei impede a cristalização definitiva do homem, ou seja, seu declínio inexorável. Ela sempre lhe oferece uma nova possibilidade de manifestação e, com isso, uma nova chance de reconhecer o objetivo de sua existência e percorrer a senda do retorno mediante a transfiguração, mediante a renascimento pela água e pelo Espírito. [10]

Doutrina Universal: Não é "doutrina" no sentido comum da palavra, tampouco se encontra em livros. Em sua essência, é a realidade vivente de Deus pela qual a consciência enobrecida para tanto aprende a ler e compreender a onisciência do Criador. Esse ensinamento ou filosofia universal é, portanto, o conhecimento, a sabedoria e a força que sempre de novo são ofertadas ao ser humano pela Fraternidade Universal, a fim de possibilitar à humanidade decaída trilhar o caminho de retorno à casa do Pai. [11]

Éons: 1. Enormes períodos de tempo. 2. Grupo dirigente hierárquico de espaço e tempo, às vezes indicado como *æons* ou *archontes.* Monstruosa formação de potestades da natureza, antidivinas, criadas pelo homem decaído no decorrer dos tempos, em conseqüência de sua vida contrária a Deus, ou seja, pelo pensar, querer e desejar da humanidade decaída, pois todos os seus impulsos, inclusive os pretensos bons, os criam e alimentam. Essas potestades manipulam abusivamente todas as forças naturais da dialética e da humanidade terrena, impulsionando-as a uma atividade ímpia em prol do próprio e tenebroso objetivo desse grupo: a automanutenção. Esse agrupamento hierárquico conseguiu livrar-se da roda da dialética às custas, porém, de terrível sofrimento humano; mas essa "libertação" só poderá ser mantida com incalculável egoísmo, enquanto a humanidade, apesar de ser sua criadora, permanecer como sua presa e acorrentada à roda do nascimento e da morte, aumentando e conservando assim a dor neste mundo. O conjunto dessas potestades é denominado, às vezes, hierarquia dialética ou "príncipe deste mundo". [34]

Escola Espiritual: Escola de Mistérios dos Hierofantes de Cristo. (ver **Fraternidade Universal**). [12]

Esfera material/esfera refletora: As duas metades que compõem o campo de existência da ordem de natureza dialética. A esfera material é o domínio em que vivemos quando em nosso corpo material. A esfera refletora é a região onde se desenvolve, entre outras coisas, o processo de morte e reencarnação. Abrange, além das esferas do Inferno e do Purgatório (a esfera da purificação), também a que é chamada "Céu" e "vida eterna", na religião natural e no ocultismo. Essas esferas celestes, a existência nessas esferas bem como na esfera material, estão sujeitas a um fim, à temporalidade. Portanto, a esfera refletora é a morada transitória dos mortos, o que não quer dizer que a personalidade do falecido venha novamente a nascer, pois a personalidade quádrupla não subsiste. Somente o núcleo mais profundo da consciência, o raio espiritual ou centelha dialética, é temporariamente recolhido no ser aural, formando a base da consciência de nova personalidade terrena, que é construída pelo ser aural em colaboração com as forças ativas na gestante. [10, 25]

Fogo serpentino: É a energia criadora da consciência biológica que circula pelo sistema cerebrospinal e, por meio desse sistema e do sistema nervoso, controla a completa manifestação dialética. [34]

Fraternidade Universal: Hierarquia do divino Reino Imutável que constitui o corpo universal do Senhor. Há também muitas outras denominações como: Igreja invisível de Cristo, Hierarquia de Cristo, Corrente gnóstica universal, Gnosis. Em sua atuação em prol da humanidade decaída apresenta-se como Fraternidade de Shamballa, Escola de Mistérios dos Hierofantes de Cristo ou Escola Espiritual dos Hierofantes, configurando-se na jovem Fraternidade gnóstica. [15]

Gnosis: a) O Alento de Deus; Deus, o Logos, a Fonte de Todas as Coisas, manifestando-se como espírito, luz, amor, força e sabedoria universal; b) A Fraternidade Universal como portadora e manifestação do campo de radiação de Cristo; c) o conhecimento vivo que está em Deus e que se torna parte dos que, mediante o renascimento da alma, entraram no nascimento da luz de Deus, isto é, no estado de consciência de Pimandro. [7]

Gnosis universal quíntupla: Designação conjunta das cinco fases de desenvolvimento pelas quais o caminho para a vida se revela no aluno: 1) discernimento libertador; 2) desejo de salvação; 3) auto-rendição; 4) nova atitude de vida; 5) ressurreição no novo campo de vida. [9]

Hierarquia de Cristo: Ver Fraternidade Universal. [41]

Logos: O Verbo criador, a Fonte de Todas as Coisas. [18]

Microcosmo: Neste livro, e também em conformidade com a sabedoria original, é a designação dada ao campo de criação humano individual e não deve ser compreendido meramente como o campo de respiração com a sua manifestação tríplice dialética. Num mesmo microcosmo podem existir simultaneamente várias criações diferentes, da mesma forma como percebemos no macrocosmo diversos sistemas que são diferentes entre si. Para se ter uma idéia de tal manifestação múltipla em um campo de criação, imaginemos que uma manifestação múltipla possa surgir da consciência-eu e suas várias concepções religiosas e científicas. Se determinada imagem mental for mantida por um período suficiente por uma consciência-eu e for alimentada pelo pensar, querer e sentir, tudo o que foi imaginado toma forma, enfim, no microcosmo, e começa a girar como satélite ao redor de seu criador, da mesma forma como um planeta gira ao redor do Sol. Assim, é possível haver demônios vivendo e trabalhando em nosso campo de criação; eles são criações nossas e vivem conosco. Podemos deixar que nesse campo viva um deus, um Cristo, uma Maria ou um hierofante despertados e engendrados pela nossa imaginação, pelo nosso estado sangüíneo. Podemos criar um panteão de ancestrais, amigos e parentes mortos, terminando com várias ilusões de cunho espiritista. Dessa forma, muitos homens povoaram seu microcosmo com uma horda de demônios, deuses e outros seres; em outras palavras, suas personalidades dialéticas em manifestação tornaram-se infinitamente divididas. Assim, o homem desta natureza é o centro de um planetário ímpio como conseqüência das contaminações e ilusões de sua consciência-eu. Pôr um ponto final na dialética, como descrito neste livro, significa, ao mesmo tempo, a destruição deste planetário ímpio. Purificar o microcosmo é também uma condição para o desenvolvimento do corpo celeste; em outras palavras, um novo sistema de campo de respiração dentro do grande campo da Criação, que não provém da consciência biológica, mas sim do espírito central. [11]

Pistis Sophia: a) Evangelho gnóstico do século II, atribuído a Valentino. Narra com impressionante pureza e em todos os pormenores o caminho único de libertação em Cristo, a senda da transmutação e da transfiguração; b) também o verdadeiro aluno, que persevera até atingir a meta. [7]

Portador de imagem: O plano de socorro de Deus para a humanidade decaída, quando ela tem a devida possibilidade, através da escola das experiências, é alcançar a realização do plano original estabelecido pelo Logos. A certeza inabalável dessa promessa está contida na rosa do coração, o átomo-centelha-do-espírito, ou átomo crístico, que se encontra no ápice do ventrículo direito do coração. Esse átomo primordial, vestígio rudimentar da vida divina, também é denominado semente Jesus, ou jóia maravilhosa do lótus. É o germe para um microcosmo inteiramente novo, a promessa da graça que o homem decaído possui latente em si mesmo, até o momento em que o sofrimento, através das experiências, o tenha amadurecido. Nesse instante o homem se recorda de sua origem e aspira retornar à casa do Pai. É assim criada a possibilidade que permite à luz do ser crístico universal fazer despertar de sua letargia o botão de rosa, sendo estabelecida, dessa maneira, a base do processo da clemência divina que opera a regeneração do homem, o processo do novo vir-a-ser humano, à imagem de Deus. O homem que traz no coração o átomo-centelha-do-espírito pode, portanto, a justo título, ser denominado um portador da imagem de Deus. A grande lição que o homem deve tirar de sua existência atual é que a vida transitória que levamos aqui na Terra não é, em si mesma, um objetivo, mas apenas nos oferece, como portadores de imagem de Deus, a possibilidade de realizar nosso grande destino, que é salvar o microcosmo submerso na morte e nas trevas, destinando-o assim a receber a vida eterna. [22]

Roda da vida e da morte: Ou roda do nascimento e da morte. É o ciclo a que está submetido o microcosmo pela lei da dialética. Ele adota uma personalidade, que tem de decidir, durante sua vida, entre vida e morte. Se não liberta o microcosmo segundo o plano do Logos, essa personalidade morre para que o microscosmo, depois de esvaziado, tenha nova oportunidade de libertação. [10]

Rosa do coração: Designação mística para o átomo-centelha-do-espírito, localizado no centro matemático do microcosmo, que coincide aproximadamente com a parte superior do ventrículo direito do coração. Também chamada semente áurea de Jesus, jóia maravilhosa na flor de lótus, átomo original ou átomo de Cristo, ela é resquício da vida divina, é o germe de um microcosmo novo, a semente divina preservada no homem decaído como uma promessa da graça, até chegar o momento em que ele se lembre de sua origem e seja preenchido pelo anseio de retornar à casa paterna. Então é criada a possibilidade para que a luz do sol espiritual, a luz da Gnosis, possa despertar o botão de rosa retraído e, no caso de uma perseverante reação positiva do aluno, possa iniciar-se o processo da completa regeneração do ser humano, segundo o plano divino de salvação. [20]

Ser aural: O conjunto das forças, valores e restrições como resultado da vida das diferentes manifestações da personalidade no campo de manifestação, os quais formam as luzes, as estrelas do firmamento microcósmico. Essas luzes são focos magnéticos e determinam a natureza do campo magnético espiritual, portanto, determinam a espécie de forças e substâncias que são extraídas da atmosfera e acolhidas pelo sistema microcósmico e também pela personalidade, que corresponde à natureza dessas luzes. Uma transformação do caráter da personalidade deve ser precedida pela transformação da natureza do firmamento, que só é possível pelo sacrifício do eu, a aniquilação total do ego. [19]

Pentagrama
publicações

Alguns títulos

A Gnosis original egípcia

TOMO 1

J. van Rijckenborgh

No Egito antigo, Hermes Trismegisto revelou o conhecimento sobre a verdade eterna, a Gnosis, em textos como o *Corpus Hermeticum* e a *Tabula Smaragdina*, que influenciaram toda a história espiritual do Ocidente.

A Gnosis chinesa

COMENTÁRIOS SOBRE O TAO TE KING

J. van Rijckenborgh e Catharose de Petri

O Tao Te King, síntese da sabedoria gnóstica do Império Celeste, comentado em linguagem atual.

O livro de Mirdad

UM FAROL E UM REFÚGIO

Mikail Naimy

Livro de sabedoria universal escrito por reconhecido autor libanês, M. Naimy, contemporâneo e amigo pessoal de Khalil Gibran.

NO CAMINHO DO SANTO GRAAL

Antonin Gadal

Este romance medieval,
ao descrever o rito de iniciação cátara,
leva o leitor a buscar o Santo Graal.

O MISTÉRIO INICIÁTICO CRISTÃO

DEI GLORIA INTACTA

J. van Rijckenborgh

O autor revela ao leitor, segundo a visão
de um rosacruz, o sentido esotérico do Apocalipse,
o livro iniciático do cristianismo.

FILOSOFIA ELEMENTAR

J. van Rijckenborgh

O que é magia? O que é iniciação?
A reencarnação existe? Como orar?
Estes e outros temas são abordados
de maneira clara neste livro.

ALGUMAS PALAVRAS

DO MAIS PROFUNDO DO SER

Karl von Eckartshausen

No primeiro dos dois textos deste livro, o autor revela
como alcançar a sabedoria em três estágios.
No segundo, como o homem pode alcançar a pefeição.

O NUCTEMERON

DE APOLÔNIO DE TIANA

J. van Rijckenborgh

Revela o ensinamento hermético contido
nas doze horas do Nuctemeron de Apolônio de Tiana,
um filósofo da escola neopitagórica.

www.pentagrama.org.br

Manifestos da Rosa-Cruz Clássica

Análise esotérica dos manifestos da Rosa-Cruz Clássica, a *Fama Fraternitatis*, a *Confessio Fraternitatis* e *As núpcias alquímicas de Christian Rosenkreuz*, que constituem o testamento espiritual da Fraternidade da Rosa-Cruz.

O chamado da Fraternidade Rosa-Cruz
FAMA FRATERNITATIS

J. van Rijckenborgh

Confessio da Fraternidade da Rosa-Cruz
CONFESSIO FRATERNITATIS

J. van Rijckenborgh

As núpcias alquímicas de Christian Rosenkreuz
TOMO I

J. van Rijckenborgh

As núpcias alquímicas de Christian Rosenkreuz
TOMO II

J. van Rijckenborgh

---

www.pentagrama.org.br

Série Cristal

O que é a Verdade?
Vede o cristal: assim como uma só luz se revela por doze faces, sim, em quatro vezes doze, e cada face, por sua vez, reflete um raio da luz, uns percebem uma face, outros vêem outra, porém o cristal é um só e também uma só a luz que ele irradia em todas.

Do castigo da alma
Série Cristal 1

Hermes Trismegisto revela à alma princípios
que a conduzem a uma visão interior,
a fim de levá-la a se libertar deste mundo de opostos.

Os animais dos mistérios
Série Cristal 2

Apresenta a mensagem contida na simbologia
da fênix, do pelicano, do unicórnio,
da esfinge e de outros animais dos mistérios.

O evangelho da verdade e O evagelho de Maria
O conhecimento que ilumina
Série Cristal 3

Dois evangelhos apócrifos: O evangelho da verdade e
O evangelho de Maria, comentados em linguagem atual.

O livro secreto de João
O evangelho apócrifo de João
Série Cristal 4

Um dos evangelhos achados em Nag Hammadi,
que revela uma visão gnóstica do cristianismo.

LIVROS PUBLICADOS PELA EDITORA PENTAGRAMA

Obras de J. van Rijckenborgh

- O advento do novo homem
- A Gnosis original egípcia – tomos 1, 2, 3 e 4
- Christianopolis
- Análise esotérica do testamento espiritual da Ordem da Rosa-Cruz:
  Vol.I: OchamadodaFraternidadeRosa-Cruz
  Vol. II: Confessio da Fraternidade da Rosacruz
  Vol.III: AsnúpciasalquímicasdeChristianRosenkreuz-t.1
  Vol. IV: As núpcias alquímicas de Christian Rosenkreuz - t. 2
- O mistério iniciático cristão: Dei Gloria Intacta
- Filosofia elementar da Rosacruz moderna
- Um novo chamado
- O Nuctemeron de Apolônio de Tiana
- O remédio universal
- A luz do mundo
- Não há espaço vazio
- O mistério da vida e da morte

Catharose de Petri

- A tríplice aliança da luz
- A Rosacruz Áurea
- Sete vozes falam
- Transfiguração

Catharose de Petri e J. van Rijckenborgh

- A Gnosis chinesa
- O caminho universal
- A Gnosis universal
- A grande revolução
- O novo sinal

A. Gadal

- No caminho do Santo Graal

Eckartshausen

- Algumas palavras do mais profundo do ser

Mikhail Naimy

- O livro de Mirdad

Outros Títulos

- O evangelho dos doze santos
- Trabalho a serviço da humanidade
- O caminho da Rosa-Cruz nos dias atuais

Série Cristal

- 1 - Do castigo da alma
- 2 - Os animais dos mistérios
- 3 - O conhecimento que ilumina
- 4 - O livro secreto de João
- 5- Gnosis religião interior
- 6- Rosa-cruzes ontem e hoje
- 7- Jacob Bœhme – Pensamentos
- 8- Paracelso
- 9- O Graal e a Rosa-Cruz
- 10- A Rosa e a Cabala

Pentagrama Publicações
Av. Vereador João Pedro Ferraz, nº 605
CEP 13.240-000 – Jarinu – SP – Brasil
www.pentagrama.org.br
livros@pentagrama.org.br